The Power of Your Subconscious Mind

潛意識的力量

約瑟夫・墨菲－著
Joseph Murphy, Ph.D., D.D.

亞瑟・培爾－編訂
Edited and revised by Arthur R. Pell, Ph.D.

朱侃如－譯

目次 CONTENTS

The Power of Your Subconscious Mind

序

你是生命的大贏家嗎？

亞瑟・培爾（Arthur R. Pell）

生命應該是一場冒險。生命應該要充分實現抱負。生命不應該只是為求生存而已。但是，世上的男男女女大多為了求生存而深陷於日常的瑣碎事務，根本無法細細品味活著的美好。造物主為我們所安排的喜樂與富足，大多數人只能體會其萬分之一。然而，只要透過方法，每一個人都能改變現況，為生命重新注入活力。

墨菲博士是「潛意識的力量」運動的發起人，這個運動至今已被許多國家的哲學家、心理學家、神職人員、作家採用；墨菲博士幫助了全球成千上萬的男男女女，從原本無聊、乏味、時而疲憊不堪的存在中脫困，重新獲得有生氣、有意義、有價值的人生。

在這本影響深遠的書中，墨菲博士將古老的靈性智慧與具扎實科學基礎的分析相結合，用來解釋潛意識心智對人的影響。他也分享了簡單實用、已證實有效的練習，這些練習能夠將心智轉化成改善日常生活的強大工具；加上激勵人心的真實成功案例，這本書可說是一部珍貴的「心智使用指南」，為讀者解開下列各種領域的「必勝祕招」：

- 建立自信
- 改善健康
- 發展友誼，加強與家人、同事、朋友的現有人際關係
- 獲得渴望已久的升遷、加薪或肯定
- 讓婚姻或伴侶關係更堅固
- 克服壞習慣，培養好習慣

墨菲博士是神職人員，因此書中經常提到《聖經》，不時引述新、舊約《聖經》的內容。不過，他也指出，他所闡述的原則理並不侷限於哪一種信仰或宗教，而是普世共通的真相。他的立論基礎是古今中外偉大先知、神學家、哲學家的思想和觀念，因此今日的讀者不管來自什麼樣的靈性背景，這些原理都適用於他們。

本書是墨菲博士一生所有作品的合法保管人「墨菲基金會」（Murphy Trust）唯一授權出版的《潛意識的力量》修訂本。在這個新版本中，墨菲博士所要傳遞的訊息仍舊以他自己的話來呈現，一些小幅度的修訂則是為了讓二十一世紀的讀者更易於閱讀。例如，本書中所引述的《聖經》句子較長，是出自一九七〇年牛津大學出版的《新英文聖經》（*The New English Bible*），取代了原來出自《欽定英譯本聖經》（*King James Bible*，一六一一年由英王詹姆斯一世

欽定）的引文。此外，在原書的素材之外，每個章節都加入墨菲博士已出版或未出版作品中的摘言，來強調該章節所闡述的重點。

帶著開放的心胸來讀本書吧！墨菲博士的觀點不是什麼艱深的理論，只是把經真實生活案例驗證的古老智慧發揚光大。已有無數讀者把這些原理應用到生活中，而學會如何成為生命的大贏家。

好好的讀，好好的學，好好的應用，你也可以讓生命變得更美好。

（本文作者為本書英文版編訂者）

引言

把奇蹟帶進你的生命中

我曾見過發生在世界各地各行各業男男女女身上的奇蹟。當你開始運用潛意識的神奇力量時，奇蹟也會發生在你身上。本書的目的是要告訴你，你的慣性思考和你心中的意象，會模造、形塑、創造你的命運。因為一個人的潛意識怎麼思考，他就會如其所想。

你知道答案嗎？

為什麼有人悲傷，有人快樂？為什麼有人歡喜而成功，有人卻貧窮而悲慘？為什麼有人成天活在恐懼和焦慮之中，有人卻充滿自信、信念堅定？為什麼有人擁有漂亮的豪宅，有人卻住在破屋中掙扎求生？

為什麼有人做人很成功，有人卻很失敗？為什麼這位講演者卓越出色、大受歡迎，另一位卻表現平庸、沒有聽眾緣？為什麼有人可以在自己的專業領域裡成為人才，有人卻勞碌大半輩子一事無成？

為什麼有人得了所謂的不治之症卻能夠痊癒，而有人卻沒有這麼幸運？為什麼這麼多善良仁慈、信仰虔誠的人，身心卻受到詛咒而吃盡苦頭；而有那麼多不道德、沒有宗教信仰的人，反而又成功、又有錢、又健康長壽？為什麼有人婚姻幸福美滿，有人的婚姻卻不快樂又充滿挫折？

在你的意識和潛意識心智的運作裡，對這些問題會有答案嗎？

當然有的。

我寫這本書的理由

我之所以寫這本書，就是因為很想跟大家分享對上述問題以及其他許多類似問題我所發現的答案。我盡可能以最簡單明瞭的語言，來解釋我們心智偉大的根本事實，我相信我們絕對可以透過日常用語來解釋生命和心智的根本法則。你會發現本書的書寫語言，就跟你在報紙和雜誌上看到的用語一樣，也和你在職場、家中、日常生活裡會用到的語言沒什麼不同。

我強烈建議你在讀了本書之後，把書中所敘述的技巧應用出來。如果能夠這麼做，你將掌握一股奇蹟力量，讓你擺脫困惑、痛苦、憂鬱、失敗等等，這點我絕對有信心。這股力量也將解決你的難題、引領你到你真正所屬的地方、讓你從情緒或肢體的束縛中脫困，從此踏上通往自由、幸福和平靜的康莊大道。

來自潛意識心智的這股奇蹟力量能夠治癒你的病痛，讓你生氣蓬勃、充滿力量。一旦學會運用這股內在力量，你就可以打破恐懼的牢獄之門，進入一種猶如神之子般光榮自由的生命。

釋放內在的奇蹟力量

潛意識力量的最有力明證永遠是個人親身的療癒經驗。多年前，我運用自己潛意識內的療癒力量治癒了身上的惡性肉瘤，因為這個力量曾經創造了我這個人，也持續維護、掌管著我所有的維生功能。

我會在書中詳細說明我所運用的技巧，我有把握，這個技巧能讓大家相信長駐在我們每個人潛意識深處的「無窮的療癒性存在」（Infinite Healing Presence）。感謝某位醫生前輩友人的建言，讓我突然意識到，這個製造了我所有器官、模造了我的身體、啟動了我的心臟的創造性智慧，自然有能力治好它自己的傑作；誠如古諺所云：「包紮傷口的是醫生，治好傷口的則是神。」

祈禱有技巧，奇蹟就發生

所謂祈禱技術（scientific prayer），就是把心智在意識層次和潛意識層次的和諧互動，有技巧地導向某個特定目標。本書將教導你如何有技巧地開發內在無窮的力量，讓你得到生命中真正想要的東西。你如果渴求更幸福、更圓滿、更豐富的生活，現在就開始運用這個奇蹟力量來讓事情發展得更順利、解決你生意上的難題、讓家庭關係更加和諧。

一定要把這本書一讀再讀，你會了解這種神奇力量如何運作，也會知道如何挖掘自己內在所蘊藏的靈感和智慧。學會加深潛意識的印象的簡單技巧，遵循書中的科學方法來開發你內在永不耗竭的儲藏庫，帶著情感仔細地、真誠地讀這本書，自己去驗證這本書會帶給你的驚人助力，它可能將是你生命的轉捩點——我相信一定是這樣。

每個人都可以祈禱

你知道要如何祈禱才能奏效嗎？祈禱是不是你每天必做的功課？你這麼做有多久了？在緊急、危險或有困難的時候，在病中或死亡隨伺在側時，祈禱自然湧現。

看一看電視新聞，世界各地每天都有人在為得了不治之症的孩子祈禱、為國與國之間的和平祈禱、為深陷礦坑的工人祈禱。不久我們還會聽到新聞報導說，這些工人脫困之後透露，他們在等待救援時也都一直在祈禱。

在面臨危難之際，祈禱無疑是會一直陪伴你的幫手。但是，何必等到面臨危難才讓祈禱成為你生活中有建設性而不可少的環節呢？每當有人的祈禱戲劇性地得到回應時，往往會成為報紙的頭條新聞，這些事件也是祈禱確實有效的見證。但是，孩子們小小心願的祈禱、飯前感謝主賜予食物的例行禱告、個人尋求與神合而為一的虔誠祈禱，這些性質的祈禱又會如何呢？

我的工作跟人有許多的接觸，促使我去研究各種不同的祈禱方式。我自己已經體驗過祈禱的力量了，我也跟許多因為真誠祈禱而受益的人交流過、工作過，我發現最大的問題往往是如何讓別人知道該怎麼祈禱才好，身陷難題的人往往無法理性地思考、行動，他們被難題沖昏了頭，阻礙了他們傾聽、理解的能力，他們需要的是容易遵循的公式，是簡單具體而又明顯可行的模式。

讓祈禱成爲日常生活

本書的獨特之處就在腳踏實地的實用性，你可以在書中找到簡單、有用的技巧和公式，讓你輕鬆自在地運用到日常生活當中。我向世界各地的男男女女都傳授過這些簡易的方法。

你將學到為什麼自己祈禱了半天，得到的卻是反效果。來自全球各個角落、成千上萬的讀者也都問過我這個問題：「為什麼我一再禱告，就是得不到回應？」在本書中，你將會知道這個常見抱怨背後的問題到底是什麼。此外，還有許許多多在潛意識中留下印記的方法，以及讓祈禱得到正確回應的技巧，這些都將使這本書永遠成為你遇到困難時難得的好幫手。

你相信什麼？

跟多數人所想的恰恰相反，祈禱之所以奏效並不是因為你相信什麼，而是因為潛意識回應了你心中的畫面或想法。這就是信念法則，也是全世界所有宗教背後的祕密運作法則，其中隱藏著所有宗教的心理真相。

不論是佛教徒、基督徒、穆斯林、猶太人，儘管各自的信仰有極大差異，他們的祈禱都有可能得到回應。怎麼會這樣呢？答案是：祈禱會得到回應並不因為哪個教條、哪種宗教、教派、儀式、公式、咒語、祭拜犧牲或祭品等等，而純粹只在於當事人對他所祈禱事物所抱持的信念、心理上的接受度以及感受性。

生命的法則就是信念法則，而信念可以簡單地概括為你心中的念頭。一個人怎麼想、怎麼感受、怎麼相信，他的身、心和周遭狀態亦復如是。如果能夠了解自己在做什麼、為什麼這麼做，那麼基於這種了解所發展出來的技巧和方法，就能夠幫助你建立一個能夠體現生命中所有美好事物的潛意識心智。基本上，祈禱得到回應，就是心願獲得了實現。

心願就是祈禱

每個人都想要活得健康、幸福、安定，擁有一顆平靜的心和真實表現的生命，但是，有多少人能夠達成這些目標呢？最近，有一位大學教授這麼向我坦承：「我知道我如果可以改變自己的心理模式，重新定位我的情緒生活，我的心臟問題就會改善許多；我真的知道。問題就在，我不知道任何技巧、步驟或運作方法。我的心思在許多問題上面來來回回地繞圈圈，我覺得很鬱悶、很不快樂、很挫敗了。」

這位教授的心願是擁有完美的健康，他欠缺的是心智運作方式的相關知識，要如願以償，他需要的正是這種知識。這位教授在勤練本書所敘述的療癒方法之後，已經變得健康完整了。

時間是全人類共通的心智

潛意識的奇蹟力量早在你我誕生之前、早在任何教會或國家出現之前，就已經存在了，生命偉大而永恆的真理和原則，比任何宗教都還要來得早。正是因為這種想法，我強烈建議你在接下來的章節裡，好好掌握這個神奇、魔力般的轉化力量。這個力量可以癒合你的身心創傷，可以讓受制於恐懼的心重獲自由，可以把你從貧困、失敗、痛苦、匱乏和挫折之中完完全全地解放出來。

你只要在精神上、情緒上和你希望去體現的「美好」結合在一起便可以了，潛意識裡的創造力量就會依此作出回應。今天就開始這麼做吧！讓奇妙的事發生在你的生命之中！持續不間斷地這麼做，終有一天，你的世界會曙光乍現、陰霾盡散。

潛意識是一間暗房

你的潛意識是一間你專屬的大暗房，是「沖洗」出你的外在生活的祕密處所。

因此，塑造出你這個人的，並不是你的名字、你的穿衣風格、你的父母、你的鄰居、你開的汽車……你是在這間地下暗房裡一張圖像接一張圖像地沖洗出來、在光與影的組合下逐漸成形的信念。從道德的層次來看，你的潛意識完全客觀中立，任何習性不論你本人或這個世界認為是善是惡，它都樂於當作適宜的模式。這就是為什麼當我們無意中把負面思維丟進潛意識這個內在暗房時，一而再、再而三，我們總是無限驚訝地看到這些黑暗思想在我們的日常生活和人際關係中展現出來。事實上，發生在我們身上的事情，幾乎沒有一件不是我們自己以這種方式創造出來的。

想要改變你的世界，你必須由內而外、徹底改變自己的心智。不過，你如果能接受暗房這個概念的話，你會發現改變的過程並不會給你帶來任何情緒困擾；當你抱持這樣的念頭，改變生命就不會是痛苦的掙扎。畢竟只是以新圖像取代心中原有的圖像，又需要耗費多少力氣呢？這一層了解意味著你可以開始輕輕鬆鬆地往正向改變自己。

你或許會很驚訝，從你小時候便灌輸給你的所有信念和傾向，至今仍舊存在你的心中，仍舊有力量在你的生命中化現出來、對你造成影響。每個人多少都會有一些自以為早已忘光的信念和想法，這些信念和想法可能來自幼年時期，長大後一直藏匿在潛意識這間暗房的深處。知道了這一點後，你大概就很清楚為什麼應該是為你的想法重新「沖洗」出一張健康新畫面的時候了。

譬如說，你如果相信太靠近電風扇會吹得脖子變僵硬，包管你的潛意識就會讓你的脖子變僵硬。讓你脖子不舒服的並不是電風扇的轉動，那只不過是無害的分子能量以高頻率在旋轉罷了；罪魁禍首是你的錯誤信念，風扇本身不會害人。

你如果因為辦公室內有人打了一個噴嚏，便害怕自己因此得了感冒，你的恐懼就會成為自己心中的行動，去創造出你所期望、害怕而深信不疑的事物來。你會注意到辦公室裡的其他人並沒有染上感冒，因為他們不相信這一套，他們相信自己是健康的。

誠如《聖經》中約伯所說：「我所懼怕的臨到我。」

另一方面，你認為神奇的療癒力量從何而來？就是來自同樣的潛意識心智！你如果將你的暗房填滿偉大的真理，你的外在圖像就會如是反映。潛意識會接受這些真理，你就會在潛意識無法克制的驅使之下，自然地康復、平靜下來。正如你吃下蘋果，蘋果會轉換成你的血肉一樣，你潛意識裡的想法，也同樣會影響你的生活。這和你學會走路、游泳、跳舞、彈鋼琴的道理一樣，你一再地重複某個想法，一段時間之後，這個想法就會成為你的第二本性；祈禱、遵循某個較高原則也是如此。汽油本身不會讓車子跑動，它必須先轉換成氣體，它必須先改變，才有辦法馬力十足；同樣地，你的心智必須先改變，你的世界才會朝你想要的方向發展。

除了療癒力量，潛意識「暗房」也是你的財富來源，關鍵就在先讓你的潛意識富足，這樣你的生活才有可能富裕起來。

在熟悉了心智法則的運作之後，你不僅能夠相信、而且會十分肯定，不論經濟情勢如何變化、股市如何漲跌，不論是在經濟蕭條、罷工、戰爭或任何其他條件或環境之下，你總是會不虞匱乏，這是因為你已經將富足的觀念傳輸給潛意識，把財富的意象提供給潛意識的暗房，所以你想要什麼就會有什麼；你已經讓你的祕密心智相信，金錢永遠會在你的生命裡暢通流動，你總是奇妙地會有盈餘，就算明天政府財政大崩盤，你所擁有的一切變得一文不值，你仍然會持續吸引財富，永遠被照顧得好好的。

你的潛意識暗房也裝滿了偉大的新點子，所以你一點都不用擔心「舊的去了，新的不來」。現在就開始想著真實、美好、高尚的事物，你的周遭也將環繞著這些特質。記住，神已宣稱萬物都是好的，並且是非常之好，你也應作此想，這種思維會讓你的想法有一種全新的、健康的尊嚴，你很快就會發現自己不再莫名其妙地成為你不想沖洗出來的圖像的受害者。

第❶章

內在黃金屋

潛意識有「生命優先」的傾向。你該做的是專注於你的意識，以真實的前提餵養你的意識，潛意識就會根據你的慣性心理模式複製、重現出來。

在你垂手可得的範圍內，便有取之不盡的財富等待你去挖掘，要獲得這些財富，你只要睜開心靈之眼，好好注意你內在這個永不匱乏的黃金屋。你可以從你內在這座倉庫萃取你所需要的一切，讓人生過得輝煌、喜樂而富足。

許多人對於自己的潛能無從入手，因為他們對自己內在這座充滿大智大慧與無窮的愛的倉庫一無所知。無論你想要什麼，你都可以從這座寶庫挖出來。

一塊磁鐵可以舉起十二倍重之物，但是，這塊磁鐵一旦被消磁了，它就連一根羽毛都舉不起來。

同樣地，人也有兩種。具有磁性的人充滿信心和信仰，他們知道自己天生就要成功、就會勝出。

其他芸芸眾生則屬於被消磁的人，他們心中充滿恐懼和疑惑，當機會來臨時，他們會說：「萬一我失敗了怎麼辦？我可能會賠上我的錢，大家也會嘲笑我。」這類人一生都不會有什麼大長進，不敢踏出去的恐懼使他們裹足不前、原地踏步。

你如果能夠發掘史上最大的祕密、並活用它，你就會成為一個有磁性的人。

史上最大的祕密

假設有人問你：史上最大的祕密是什麼？你會怎麼回答？原子能？星際旅行？黑洞？不，都不對。那麼，這個大祕密究竟是什麼？我們要到哪裡去尋找？究竟該如何去理解這個祕密並付諸行動呢？

答案簡單得不得了，這個祕密就是：每個人的潛意識裡都藏著一股足以創造奇蹟的神奇力量。然而，這是大多數人都想不到的地方，正因如此，找到這個祕密的人才這麼稀少。

潛意識的神奇力量

一旦你學會去接觸、去釋放藏在潛意識中的力量，你就能夠為自己的人生注入更多力量、更多財富、更多歡樂和喜悅。

這個力量你可以不假外求，你早就擁有它了。但是，你需要學會去運用它才行，你必須先了解這個力量，才能在生活中全方位地加以運用。

遵循本書中的簡易技巧和方法，你就能夠獲得所需的知識和理解。你就能夠得到新的啟發，啟動一股新的能量，好讓你去實現希望和夢想。現在就下定決心，讓你的生活比以前更豐富、更宏大、更充實、更上一層樓吧！

在你潛意識的深處，靜靜地蘊藏著大智大慧與無窮的力量，能夠源源不絕地供應你所需要的一切。它就靜靜地等著你去發展它、彰顯它。現在，如果你開始認同這些深層心智內的潛能，這些潛能就會在外在世界彰顯出來。

唯有懷著願意接納新事物的開放心胸，你潛意識裡的大智大慧才會隨時隨地向你透露你想知道的一切，你也才能接收到新的想法和念頭、創造出新的發明、新的發現、新的藝術作品。潛意識裡的大智大慧會給你接近神奇新知的機會，讓它在你面前顯露出來吧！它會為你開啟康莊大道，讓你找到生命的完美表現和真正歸屬。

透過潛意識的智慧，你不但能吸引到理想伴侶，也能吸引到對的工作夥伴。潛意識的智慧會告訴你如何賺到你所需要的錢，讓你獲得財務自由，可以隨心所欲地當自己想當的人、做自己想做的事、去自己想去的地方。

發掘這個由思想、情感、力量、光、愛與美所組成的內在世界，是你應有的權利。儘管肉眼看不到，它的能量巨大非凡；在你的潛意識裡，你可以找到所有問題的答案、所有結果的肇因。一旦你學會如何汲取這些隱藏的力量，你便能夠實際擁有通往豐足、安定、喜悅、自主所必備的力量和智慧。

我便曾親眼看到潛意識的力量幫助殘廢的人站了起來，讓他們恢復健全，再度變得強壯而活力十足。是他們的心，使他們能夠不受限制地踏出去，體驗快樂、健康、喜悅的樣子。在你的潛意識裡有一種神奇的療癒能量，足以修復困惑、破碎的心靈，這股能量能夠打開禁錮心智的牢獄之門，讓你獲得自由，讓你從各種物質、身體的束縛中釋放出來。

找出運作準則

萬事起頭難，不管做什麼，你如果想要有進步的話，一定要採取關鍵性的第一步，你必須先找出一個普世適用的運作準則才行。因此，在你能夠嫻熟地「操控」潛意識之前，你必須先了解它的原理。了解了它的原理，你就能在心中篤定能獲致什麼結果的情況下，施展潛意識的力量；你就能將這些力量具體而明確地運用在你想要成就的目的或目標上。

我從事化學專業多年，早期受訓時，我最先學到的知識之一是：兩個氫原子加上一個氧原子，就可以合成水——不是偶爾或多半有這樣的結果，而是永遠如此。把一個氧原子和一個碳原子結合，就會得到一氧化碳這種有毒氣體。但是，如果再加入一個氧原子，又會得到二氧化碳這種對動物無害、卻是植物維生所需的氣體。這些事實都是宇宙共通、普世不變的道理，這就是所謂的原理。

潛意識的運作原理，跟化學原理、物理原理、數學原理沒有什麼不同。你如果想要利用化學力或物理力，就必須先學會這些領域的原理；同樣的，你如果想要利用潛意識的力量，也必須先學會潛意識的原理。

就以「水面總是平的」這個一般公認的原理為例。這是普世共通的原理，不管何時何地，只要是水，或屬性和水類似的液體，一律適用。

古埃及人知道這個原理，利用它來建造偉大的金字塔，讓地基呈現絕對的水平。今天，從灌溉系統到水利發電站，各個領域的工程師都在運用這個原理。

再以「熱脹冷縮」這個原理為例。在任何時間、任何地點、任何環境下，這個道理都不會錯。你如果將一片鋼鐵加熱，它就會膨脹，不論這片鋼鐵來自中國、英國、印度，或是正在繞行地球的太空站。

物質加熱之後會膨脹，這是放諸四海而皆準的真理。不論你把什麼烙印在潛意識裡，它都會在空間的大銀幕上顯現出來，化為某種狀況、某段經驗、某個事件——這也是放諸四海皆準的真理。

你的祈禱會得到回應，因為你的潛意識就是原理，而我所謂的原理就是事物運作之道。譬如說，電有一項重要的原理，便是會從較高電壓傳送到較低電壓。當你扭開電燈或用電爐煮東西時，你並不是在改變電力的原則；反之，你是在活用這項原則。只要配合大自然的原理，你就能夠誘發神奇的發明和發現，給人類帶來數不清的好處。

你的潛意識就是原理，它根據「信念法則」運作，所以你必須先知道「相信」是什麼、它為何有用、它是如何運作的。《聖經》早已經用簡單明瞭又動人的語言將這個道理說出來了：

無論什麼人對這座山說「移開，投到海裡」，只要他心裡不懷疑，相信他所說的一定能夠成就，就必給他成就。所以我告訴你們，凡是你們禱告祈求的，只要相信能夠得到，就必得到。（《馬可福音》11:23-24）

心智的法則就是信念法則，這表示，你要相信你心智的運作方式、相信「相信」本身。心智所相信的事物就是心智的念頭，僅僅如此，其他什麼都沒了。

你所體驗過的經驗、事件、狀況、行動等等，都是潛意識為反應你的想法而產生出來的。記住，造成這些結果的，不是你所相信的那些事物，而是你心中的信念本身。不要再接受錯誤的信念、意見、迷信和恐懼了，這些都會禍害人類。開始轉而相信生命中亙久不變的事實和真理吧！在你這麼做的同時，你便轉而向前、向上、向神提升。

能夠忠實應用本書所闡述的潛意識原理的讀者，將獲致科學而有效的祈禱方法，不管為己或為人祈禱都會有效。你的祈禱會按照「作用力與反作用力」這條普世法則得到回應，念頭是最初的作用力，反作用力則是潛意識根據你思維的本質所作的回應。隨時讓你心中充滿和諧、健康、平靜、善意這些概念，那麼，奇妙的事便會在你生命中發生。

S 不論你相信的事物是真是假，你都會得到結果，潛意識會回應你心中的想法；

將信念看作是你心中的想法，這樣就夠了。

S 你可以重新塑造自己，只要供給潛意識一張新藍圖就行了。

心智的二元性

每個人都只有一副頭腦（心智），但這當中卻有功能各異的兩個部分。區別這二者的界線，心智的研究者可是一點都不陌生。心智有兩種大不相同的功能，每一種功能都各有不同的特性，也各有其獨特的力量。

區別心智這兩種功能的名稱有很多，例如：主觀心智與客觀心智，意識心智與潛意識心智，清醒心智與熟睡心智，表面自我與深層自我，自發心智與非自發心智，陽性心智與陰性心智……還有其他許許多多的說法。不論這些名稱的含意是什麼，它們都說出了心智這種根本的二元性。

本書中，我採用「意識」和「潛意識」這兩個詞彙來代表心智的二元本質。如果別組詞彙對你而言比較容易理解，儘管使用無妨，一開始，最重要的是要能識別並承認心智的這種雙重本質。

意識與潛意識

要熟悉心智的這兩種功能，有一個妙方，那便是想像有一座花園，而你就是園丁，你整天都在這座潛意識的花園中，種下各種念頭的種子。大多數時候，你甚至沒有察覺到自己正在這麼做，因為這些種子是根據你的慣性思考而來的。既然你在潛意識中埋下了種子，你自然會從自己身上和周遭環境中收割果實。

將潛意識想像成一片肥沃的土壤，各式各樣、不論好壞的種子都能輕易從中發芽茁壯。如果你種下荊棘，有可能收割葡萄嗎？如果你種的是薊，收割的會是無花果嗎？每個念頭就是一個「因」，每種情境就是一個「果」，這就是為什麼主導自己的念頭是那麼地重要了，因為唯有這樣，你才能夠得到你想要的情境。

現在就播下和平、快樂、正確行動、善意、成功的念頭種子吧！心中懷著信念、靜靜地想著這些特質，在你理性的意識心智中全然接受這些特質，不間斷地將這些奇妙的念頭種子種在你心智的花園之中，你的輝煌豐收將指日可待。

當你的心智能夠正向思考時，當你能夠理解真理時，當你存入潛意識中的念頭是和諧、平靜而充滿建設性時，潛意識的神奇運作力量便會開始有所回應。它會帶來和諧的情境、令人愉悅的環境，所有事物都呈現最佳狀態。一旦你開始控制自己的思考過程，你就能將潛意識的力量應用到任何問題或困難上；這時，你其實是在意識的層面上跟永不耗竭的大能以及統領萬物的全能法則合作。

看看你的四周，不論你生活在哪裡，不論你屬於那一種社群，你會注意到大多數人都生活在「外在」世界裡。不過，那些悟性較高的人，卻積極投身於「內在」世界，他們領悟到——你很快也會有這種領悟——外在世界是內在世界「創造」出來的。你的生活經驗都是根據你的思想、情感以及想像畫面組織出來的，唯一具有創造力的就只有內在世界，你在表相世界所見到的每一件事物，都是你心智的內在世界有意識或無意識地創造出來的。

一旦你明白了意識和潛意識之間的互動真相，你就能徹底改變自己的生命。你如果想改變外在情境，就必須改變這個情境的肇因。多數人想要改變情境或環境時，就只會在這些情境或環境上下功夫，這真是浪費時間又浪費力氣，他們不了解自己所面對的情境是有肇因的。想要讓生命不再失序、困惑、匱乏、受限，你必須移除肇因，而所謂的肇因，就是你使用意識心智的方式，就是你在其中助長的思想與意象。改變了「因」，就能改變「果」，就是這麼簡單。

我們全都身處一片永不匱乏的深沉大海之中。潛意識對於你有意識的念頭，是非常敏感的。這些有意識的念頭形成了一個母體，潛意識的大智大慧、生命力、能量就流貫其中。如果能夠將母體形塑得正向一些，你就可以重新引導這些源源不絕的能量，讓自己受惠更多。

本書的每一章都針對「如何運用心智法則」，提出具體、確切的說明。一旦你學會運用這些技巧，你將感受到，豐足代替了貧窮，智慧代替了膚淺愚昧，祥和代替了內在衝突，成功代替了失敗，喜悅代替了悲傷，光明代替了黑暗，和諧代替了失序，信念和信心代替了恐懼。人生難道還有比這些更美妙的恩賜嗎？

大多數偉大的科學家、藝術家、詩人、歌唱家、作家和發明家，對於意識和潛意識的運作，都有深刻的了解。也就是這層了解，帶給他們成就目標的力量。

偉大的男高音卡羅素就有過怯場的經驗。劇烈的恐懼感讓他痙攣，喉嚨的肌肉也緊縮了起來，他覺得聲帶麻痺、發不出聲音。當時，他已在後台穿戴好等著出場，卻緊張得滿臉汗如雨下，而幾分鐘之後便該他上場，在成千上萬名熱情的觀眾面前演唱。

他發著抖說：「我唱不出來，觀眾會笑話我，我的事業完蛋了。」他轉頭想回休息室，突然之間，他停下腳步，大聲嚷道：「我的『小我』想要勒死內在的『大我』！」

他再度轉向舞台，站得又直又挺。「滾出去！」他對「小我」下令說：「『大我』要我上台去好好演唱。」

卡羅素所謂的「大我」，就是潛意識裡不受任何限制的力量和智慧。他開始大嚷：「滾出去，滾出去，『大我』要演唱了！」他的潛意識跟著回應，由內在釋放出一股蓬勃的生命能量。出場的時刻到了，他走出去、站上舞台，演唱得精采極了，觀眾全都深深為之著迷。

讀到這裡，你應該看得出卡羅素對心智的這兩個層次——意識或理性的層次，以及潛意識或非理性的層次——是有所理解的。潛意識是反應性的，對於念頭的本質會有所回應，當你的意識（卡羅素所謂的「小我」）充滿了恐懼、憂愁、焦慮時，這些頭念就會在你的潛意識（卡羅素所謂的「大我」）裡創造出負面的情緒，並釋放出來，再回過頭來讓意識充滿了恐慌、不祥、絕望的感覺。當這種情況發生在你身上時，你就可以遵循卡羅素的做法，以充滿權威的姿態，對內心深處不斷冒出的不理性情緒，堅定地發出命令。你可以說：「不要躁動，安靜下來，我在掌控。你要聽從我，要服從我的命令，你不能擅自闖入不該去的地方。」

當你以充滿權威和說服力的姿態，跟深層自我的不理性行動對話時，你將會看到神奇的變化，你的心智會瞬間被祥和與平靜占滿。潛意識是受意識所支配（subject），這就是為什麼它稱為潛意識（subconscious）或主觀（subjective）心智。

顯著差異和運作模式

意識就像船隻的領航員或掌舵的船長，船長指揮船艦，對機房的船員發號施令。機房的船員則控制鍋爐、機具、儀器等等，他們並不知道航行的方向，只是遵照命令而行。掌舵的人如果依據得自羅盤、六分儀或其他儀器的發現，而發出了有瑕疵或錯誤的指示，船員就可能會將船開向礁石。機房的人會服從掌舵者，因為掌舵者是主控的人，他應該要知道自己在做什麼，船員不會反駁船長，他們純粹只是執行船長的命令。

船長是船的主人，他怎麼發出命令，大家就怎麼執行。同樣地，你的意識就是你所屬船艦——你的身體、你的環境、你的所有事務——的船長和主人。你的潛意識接受你發出的命令，依據的就是你的意識所相信並接受的真實，潛意識並不會質疑這些命令或命令的依據。

你如果不斷對自己說：「這個我負擔不起。」你的潛意識就會如實依照你的話來執行，確保你處於一種「買不起你所想要的東西」的處境。只要你持續這麼說：「我負擔不起這輛車、這趟度假、這棟房子。」可以確定的是，潛意識也就會忠誠地遵照你的命令。你將一輩子永遠不可能擁有這些東西，你也會一直相信這是客觀環境所造成的。你壓根兒想不到，創造出這種環境的是你自己，是你那些負面的、否定式的想法！

潛意識如何回應

我收到一位叫做露絲的女士寄來的信，她曾聽過我的演講。信是這麼寫的：

我是一個七十五歲的獨居老人，老伴死了，小孩也已成人，我就靠著一點退休金和社會福利津貼過日子。我的日子很貧乏，毫無希望可言。但是有一天，我突然想起你演講中所說的潛意識的力量；你說，透過不斷的重複、信念和預期之心，我們就可以把念頭傳遞給潛意識。這會是真的嗎？我決定試一試，反正我也沒什麼好損失的。

我喚起心中所有的感情，不斷重複地告訴自己：「我是被需要的，我是被愛的。我很快樂地嫁給了一個溫柔、深情又重靈性的男人，我感到安全而滿足。」

我每天都這麼告訴自己好多次，並持續了大約有兩個星期之久。有一天，我在附近的藥房碰到一位退休藥劑師，我覺得他既溫柔又體貼，信仰也非常虔誠，完全就是我祈禱中想要的樣子。認識不到一星期他便向我求婚，現在我們在歐洲度蜜月。我知道是潛意識的智慧按照神聖的秩序，把我們安排在一起了。

露絲發現了黃金屋就在她的內心。在她心中，她感覺到自己的祈禱是真實的，她的篤定也因為滲透作用沉入了潛意識這個創造性媒介之中。在她順利使某種主觀意願具體化的那一刻，她的潛意識也因為吸引力法則而回應了她的祈求。她充滿智慧的深層心智按照神聖的秩序，讓她和新丈夫聚首了。

你一定要好好想想下面這段話：

凡是真實的、莊重的、公正的、純潔的、可愛的、聲譽好的，無論是什麼美德，什麼稱讚，這些事你們都應當思念。（《腓利比書》4:8）

謹記在心

1 黃金屋就在你的內心，向內尋求你真心渴望的答案。

2 歷史上所有的偉大人物都有一個大祕密，那就是他們懂得接觸並釋放潛意識的力量。你同樣也做得到。

3 你的潛意識對所有的問題都有答案。如果你臨睡前暗示你的潛意識：「明天我要六點鐘起床。」潛意識就會分秒不差在六點整的時候叫醒你。

4 你的身體是由你的潛意識所建構，因此也能夠讓身體恢復健康。每天晚上都帶著你擁有完美健康的念頭入睡，你的忠實僕人——潛意識，就會如是遵從你。

5 每個念頭都是一個「因」，每種情境就是一個「果」。

6 你如果想要寫一本書、寫一部很棒的劇本、獻給觀眾一場更精采的演講，你可以衷心地、充滿感情地將意念傳遞給潛意識，潛意識就會如是回應你。

7 你就像掌舵的船長，船長必須下達正確的命令，否則就會撞船。同樣地，你必須對潛意識下達正確的命令（念頭和意象），因為潛意識控制、支配你所有的經驗。

8 永遠不要用負面的方式來表達，如「我負擔不起」、「我做不到」，潛意識是會把你的話當作命令來執行的。它會保證你不會有這筆錢或這種能力，去做你想要做的事。你要肯定地宣稱：「有了潛意識的力量，什麼都難不倒我。」

9 生命的法則就是「信念法則」，信念就是你心中的想法。不要相信會傷害你或對你不利的事物，要相信潛意識的力量能夠療傷止痛，能夠啓發你，讓你更有力量、更成功。你相信什麼，什麼就會成真。

10 改變思維，你就改變了命運。

你是自己靈魂（潛意識心智）的船長，是自己命運的主人。
要記住，你有能力做出選擇，選擇生命！選擇健康！選擇快樂！

第2章

心智的運作

不論你的意識所假定並相信的真實是什麼，潛意識都會接受下來，並讓它發生。因此，要相信好運、上天的指引、對的行動，以及生命中所有的好事。

你的心智是你最珍貴的財產，它永遠與你同在，但是，只有當你學會如何運用它的時候，它的神奇力量才會成為你的。正如前一章所言，你的心智有兩個層次：意識或理性的層次，以及潛意識或非理性的層次。你用意識來思考，而不論你的慣性思維是什麼，你所想的內容都會沉入潛意識之中，潛意識就會依據你思維的本質，展開創造的過程。潛意識是情緒的根據地，它具有創造性，你往好處想，好事便會隨之而來；往壞處想，壞事也會接踵而至。這就是心智的運作之道。

千萬謹記的一點是：一旦潛意識接納了某個念頭，便會開始執行它。潛意識的運作法則是不管好壞的，這是個不可思議而令人震驚的真相。這條法則若用在負面的態度上，就成了失敗、挫折、不快樂的肇因。然而，如果你的慣性思維是和諧又具建設性的，你便能體驗到完美的健康、成功和好運勢。

一旦開始以正確的方式去思考和感受，獲致平靜的心靈、健康的身體就成為一種必然。不論你在心理上有什麼想法主張，只要確實這麼覺得，潛意識就會接受下來，並在你的生命經驗中帶出來。你只需要讓潛意識接受你的想法就行了，一旦潛意識接受了你的想法，潛意識法則就會為你帶來你所想要的一切：健康、平靜、成功……你只要下命令或做出指示，潛意識便會忠實地將你烙印上去的念頭複製、重現出來。

心智的法則是這麼運作的：潛意識的反應或回應，會受到你意識中的念頭或想法所影響。心理學家和精神科醫師都指出，當念頭傳遞到潛意識心智時，腦細胞會留下印記，一旦念頭被接受，潛意識就會立刻著手讓念頭成真。在「意念聯結」的運作之下，潛意識會動員你生平累積的所有知識，利用你內在永不耗竭的力量、能量和智慧，召集所有的自然法則來達成目標。有時候，它似乎能立即為你的困境找出解決良方，但有時候可能要花上好幾天、好幾個禮拜，甚至更久。這其中的奧妙，是我們所不能測度的。

意識和潛意識的差異

要記住，意識和潛意識並非兩個不同的心智，只是同一個心智內的兩種活動領域。意識心智是執行「推論」的心智，這個層次的心智負責做選擇，好比說，你挑選你愛看的書、你喜歡的房子、你共度人生的伴侶，你所有的決定都是由意識心智所做的。另一方面，你無需有意識地做出任何決定，你的心臟就會自己跳動，還有諸如消化、血液循環、呼吸等重要的生命功能，也是由潛意識透過獨立於意識操控之外的程序來維持。

潛意識會接受你烙印在它上面的任何事情，也就是你的意識所相信的事情，它不像意識那樣，會針對事情做出一番推論，它也不會和你議論爭辯。潛意識就像一片沃土，不管好種子、壞種子，種下去通通都長得出東西來。念頭是活的，你的念頭就是種子。因此，負面的、破壞性的念頭在潛意識中會持續往負面的方向運作，遲早會在外在世界「現形」，化為符合這些負面內容的生命經驗。

要記住，潛意識並不會去驗證你的想法是好是壞、是真是假，它只會依據你的想法或暗示的本質做出回應。譬如說，你如果有意識地假設某件事是真的，儘管事實可能並非如此，潛意識還是會接受這件事為真，並採取行動使相應的事情發生，這是必然的結果，因為你已經有意識地「以假當真」了。

心理學家的實驗

包括心理學在內的多個領域的專家，都曾經在進入催眠狀態的受試者身上做過數不清的實驗，這類研究清楚顯示，潛意識並不會進行推論過程必有的選擇和比較。潛意識會接受任何暗示，就算錯得離譜也照單全收，而且一旦接受了某個暗示，就會根據這個暗示的本質來回應。

潛意識的「耳根子」之軟，可以這麼來說明：如果某位精通此道的催眠師對他的女性催眠對象暗示說她是拿破崙，甚至是一隻貓或一條狗，對方都會把那個角色「演」得極為逼真，她會暫時變了一個人，並相信自己就是催眠師所告訴她的那個人、那種動物，或其他不管什麼。

技術好的催眠師有辦法暗示某個催眠受試者她的背在癢，暗示另一個他在流鼻血，再對另一人暗示說她是一座雕像，同時對第四個說她凍僵了、氣溫在零度以下。每一位被催眠的人都會依照自己被暗示的特定情況舉止，儘管這些情況放在周遭環境中，簡直荒唐得離譜。

上述這些簡單的例子清楚說明了意識與潛意識的差異，意識是會推論的心智，潛意識則不分好壞、不做選擇，只要意識認為是真的，它就接受為真。這就是為什麼選擇能夠帶給你幸福、啟發、療癒作用，能夠讓你的靈魂充滿喜悅的念頭、想法和前提，是那麼重要了。

主觀心智與客觀心智

意識心智有時候也稱為「客觀心智」，因為它打交道的對象是外在的客體。客觀心智會察覺客觀的世界，觀察媒介則是身體的五種感官。客觀心智是你接觸外在環境的嚮導和指揮，你透過五官獲得知識，你的客觀心智透過觀察、體驗和教育來學習。正如前面所指出的，客觀心智最大的功能就是推論。

假設說你是每年到大峽谷一遊的成千上萬觀光客之一，去過多次後，你會有這樣的結論：這真是世界上最神奇的自然景觀之一。這個結論將會是來自你對大峽谷的觀察：不可思議的深度、形狀複雜的岩石、顏色變化多端的地層。這就是客觀心智的運作。

潛意識心智則經常被稱為「主觀心智」。主觀心智也會察覺四周環境，但不是透過身體感官，主觀心智是靠直覺來理解事物的，它可說是情緒的住所、記憶的儲藏庫。當客觀的感官沒有在起作用時，就是主觀心智表現得最好的時候；換句話說，當客觀心智暫停下來，或是處於昏昏欲睡的狀態，潛意識的智慧就能顯現出來。

主觀心智不需要使用天生的視力器官，便可以看穿一切，它具有千里眼和順風耳的能力：它可以看到、聽到發生在別的地方的事件。主觀心智可以離開你的身體，飛到遙遠的地方，帶回來最精確、最真實的資訊。透過主觀心智，你就有辦法知道別人在想什麼，有辦法看到密封信件的內容，甚至不必開電腦便能看透磁片的內容。

一旦了解了主、客觀心智的互動關係，我們也就能真正掌握祈禱的藝術。

潛意識不懂推論

潛意識沒有能力質疑它接收到的內容，或與之爭論，你如果給它錯誤的資訊，它也會照收不誤。然後，它就會開始努力讓錯誤的資訊成真。不管你給了什麼暗示——就算是假的、與事實不符的——潛意識也會讓暗示成為真實的情境、經驗、事件。

所有曾經發生在你身上的事情之所以會發生，都是因為你的想法——由於你相信為真——深深烙印進你的潛意識中。如果你曾經傳達錯誤或扭曲的觀念給潛意識，那麼，矯正這些錯誤觀念就是你的當務之急，而最有效的方法，就是不斷地提供和諧的、建設性的念頭給潛意識。

只要你一再地想著這些念頭，潛意識就會接受它們。這麼一來，你就可以養成新的、較健康的思維和生活習慣，因為潛意識是習慣的溫床。

意識心智的慣性思維會在潛意識中印下深深的凹痕。如果你的慣性思維是和諧、平靜、建設性的，潛意識的回應就是會創造出和諧、平靜、建設性的情境。

你曾經飽受恐懼、憂慮或其他破壞性思考形式的折磨嗎？那麼，補救的方式就是去認同潛意識的力量，並下指令要自己得到自由、快樂、健康，作為你的創意和神性泉源的潛意識，就會著手去為你創造出自由和快樂，因為這些都是你真心的要求。

暗示的驚人力量

讀到這裡，你應該已經能夠了解，意識的功能在扮演「守門人」的角色，保護潛意識免於謬誤印象的污染，是它最重要的作用。這個功能會如此重要，就要追溯到心智的一條基本法則：潛意識對於暗示異常敏感。

你已經知道，潛意識不會去做比較或對照，也不會去推論事情，理出個頭緒來。推論的功能屬於意識心智，潛意識只會對意識所留下的印記作反應而已，它不會在不同的行動進程中做選擇，它就只會照單全收。

暗示的力量強大得驚人。想像你登上一艘有點搖晃的船，你走向一位看起來膽子很小的乘客，對她說：「天啊，你看起來不太好。你的臉色都發青了！我看你快要暈船了。讓我扶你到船艙休息，好嗎？」

這位乘客的臉色一下子變得蒼白，你剛剛提供的「暈船」暗示，和她自己原本就有的恐懼、不祥感連上了線。她讓你護送到甲板下面，一到了那裡，她所接受的負面暗示就真的噩夢成真了。

相同暗示，不同反應

不同人對於相同暗示的反應也會不同，了解這一點很重要。這是因為換了一個人，潛意識的形成條件或信念也會有所不同。

再以上述案例來看，假設你選擇的不是船上乘客，而是某位船員，你對他說：「嘿！老兄，你看起來氣色不太好。你是不是快暈船了？」

這時就要看這位船員的脾氣了，他可能會嘲笑你說了這麼個拙劣的笑話，或乾脆叫你滾一邊去。你的暗示對他毫無作用，因為在他心中，暈船的念頭只會讓他聯想到「我已經免疫了」。因此，這個暗示不會引起他的恐懼或擔憂，反而會帶來自信。

字典會告訴你，「暗示」就是將某件事物放入心中，這是某個示意的念頭或想法被心智考慮、接受、執行的心理過程。但是，要謹記在心，沒有任何暗示能夠違背意識的意願而自行強加在潛意識之上。意識心智有拒絕暗示的力量。

那位船員完全不怕暈船，他確信自己對暈船已經免疫了，因此，負面暗示也無法喚起他的恐懼感。但是，跟你同船的那位乘客早在剛上船時，便一直擔心自己會暈船，你的暗示對她自然就有影響力了。

我們每個人都有自己內在的恐懼、信念、意見，這些內在的假設支配、掌控我們的生活。暗示本身並沒有什麼力量，它的力量來自於你在心理上接受了它，一直要到你接受了它那一刻，潛意識的力量才會開始依據暗示的本質來行動。

以自我暗示消除恐懼

「自我暗示」的意思是，對自己確切、具體地暗示某件事。就像任何工具一樣，誤用會導致傷害，正確使用的話卻會大有幫助。

珍娜是一位很有才華的年輕歌手，有人邀她去試唱一齣歌劇中的要角，她非常想去參加試唱，但同時也害怕極了。

過去她曾試唱過三次，都表現得糟糕透頂，因為她害怕失敗。她的聲音很棒，但是她卻一直告訴自己：「輪到我唱的時候，我一定會唱得很糟，我怎麼也不會得到這個角色。他們不會喜歡我，他們一定很奇怪我竟然還有膽來試唱。我會去試試，但我知道一定會失敗的。」

她的潛意識將這些負面的自我暗示，認定是她的請求，於是開始進入實現這些暗示的程序，並將這些暗示引入她的生活體驗中。失敗的原因就在於非自主性的自我暗示，恐懼變成了情緒化的主觀想法，並反過來讓她「噩夢成真」。

然而，這位年輕歌唱家終能克服負面自我暗示的影響力。她用正面的自我暗示來反制這股力量：每天三次，她會把自己關在一間安靜的房間，舒服地坐在一張扶手椅上，放鬆身體、閉上雙眼，盡量讓身心都平靜下來。身體的靜止有利於心理的順從，能讓心智更容易接受暗示。為了反制恐懼的暗示，珍娜不斷重複地對自己說：「我唱得很棒，我很自在、鎮定、沉穩、有信心。」每一次她都緩慢、沉靜卻充滿感情地這麼複誦五至十次，白天做三次，晚上睡前再做一次。

過了一個禮拜，她已經變得信心十足、泰若自然了。當那關鍵性的一天來臨時，她試唱的表現果然棒極了，也順利獲得了夢寐以求的角色。

§ 培養一個明確的計畫來逆轉你對潛意識的請求或渴望。

§ 千萬不要說：「我做不到。」改用以下思維來克服恐懼：「有了潛意識的力量，我什麼都做得到。」

她找回失去的記憶力

某個七十五歲的婦人一直對自己的記憶力極有信心。就像一般人一樣，她難免也會忘記事情，不過她並不太在意。然而，隨著年歲增長，她開始注意到自己丟三忘四，不免擔心了起來。每一次忘掉什麼時，她都會對自己說：「一定是年紀大，記憶力衰退了。」這種負面自我暗示的結果，反而使得她更容易忘東忘西。她近乎絕望，幸運的是，後來她注意到自己在傷害自己，於是決心要逆轉這個程序。

每當她覺得自己又要開始想「我的記憶力衰退了」時，她便要自己停下來。不僅如此，她刻意逆轉這個程序，開始誘發正面的自我暗示，並且一天好勤練幾次。她對自己說：

從今天開始，我的記憶力將與日俱進。不論何時何地，只要有需要，我什麼都能記起來。我對事物的印象清楚而確切，毫不費功夫就能自動記住。我有需要回想起的事物，都會立即正確無誤地出現在我心中。我每天都在快速進步，很快地，我的記憶力就會變得比我這輩子任何時候都還要好。

三星期後，她的記憶力又恢復正常了。

他改掉了壞脾氣

有一位婚姻和事業都岌岌可危的男士，找上我來尋求協助。休先生的問題在於他生性敏感易怒、脾氣暴躁。他自己也很苦惱，不過如果有人想跟他討論此事，他又會大發雷霆。他常常覺得每個人都在針對他，所以他也必須防衛起來。

為了反制這種負面的自我暗示，我建議他運用「正面自我暗示」的技巧。他每天得練習幾次（早上、中午、臨睡前）不斷重複對自己說：

從現在開始，我的脾氣將逐漸變好。歡喜、快樂會成為我平常的精神狀態。我每天都變得更加討人喜歡、更加善解人意，我將成為大家心目中的開心果和大好人，大家都會感染到我的愉快心情。這種快樂、歡喜的心情，正慢慢變成我平常的、自然的精神狀態。我內心充滿感激。

一個月之後，他的太太和同事都表示，現在的他容易相處多了。

他人暗示

「他人暗示」意指來自另一個人的暗示。從古至今，不論在世界的哪個角落，暗示的力量都在人類的生活、思維中，扮演了支配性的角色，政治教條、宗教信仰、文化風俗等等，都是靠「他人暗示」的力量興盛起來，甚至永世流傳。

暗示可以作為一種規範、克制自己的工具，但也可以用來控制、指揮那些不知道、不了解心智法則的人。有建設性的暗示既神奇又美妙，但若換成負面角度的暗示，就是破壞性最強的心智回應模式了，結果有可能就是沒完沒了的不幸、失敗、受苦、病痛、災難……

你是否受到負面暗示的影響？

自呱呱墜地開始，我們就受到負面暗示的疲勞轟炸。在不知道如何對抗的情況下，我們無意識地接受這些負面暗示，並讓它們成為我們的真實經驗。

以下是一些負面暗示的範例：

- 你不行
- 你永遠成不了大事
- 你絕對不可以
- 你會失敗的
- 你根本不會有機會
- 你全都錯了
- 這是沒有用的
- 重點不在你知道什麼，而是你有什麼門路
- 這世界真是每況下
- 有什麼用，反正沒人在乎
- 何必這麼認真呢

- 你太老了
- 情況真是愈來愈糟糕
- 生命是無止盡的折磨
- 愛情不值錢啦
- 你怎樣都比不過人家
- 小心，你可能會得到可怕的疾病
- 沒有一個人是信得過的

一旦接受了上述這類「他人暗示」，你就成了導致這些情況出現的共犯。小時候，面對來自至親至愛的人的暗示，你懂的也不比他們多。心智——不論有意識還是無意識的——是當時的你連想都不會去想的奧祕。

然而，成年後你能夠有所選擇，你可以利用建設性的自我暗示，來改變過去在你身上留下的印記，這就是一種復原治療。第一步就是要能夠覺察在你身上運作的「他人暗示」，如果沒有這種察覺，這些暗示是能夠在你的個人或社交生活中，創造出會導致失敗的行為模式。反過來，建設性自我暗示就能夠讓你倖免於大量的負面言語制約，你的生活模式才不會被扭曲，以至於好習慣難以養成、甚至永遠不可能養成。

反制負面暗示

翻開報紙或扭開電視機，你每天聽到的各種事件，都有可能在心中埋下無力、恐懼、擔憂、焦慮和厄運將臨的種子。如果你照單全收，這些恐懼的思維是有可能讓你喪失生命意志的。然而，一旦了解你不必接受它們，你便有了選擇的自由。你是有力量去反制這些破壞性念頭的，方法就是供給潛意識建設性的自我暗示。

定期檢視別人加諸你身上的負面暗示，你不必任憑具破壞性的他人暗示擺布。從幼年期、青春期到成年，我們人生的每個階段都飽受其苦。回想一下，你很輕易便可看穿我們的父母、朋友、親戚、師長、同事……每個人都曾在這負面暗示的「全民運動」中參一腳。好好想想你聽到的那些話，仔細檢視話中潛藏的意思，你會發現有許多不過是一種宣傳口號罷了，背後的用意不過是要透過灌輸恐懼來達到控制你的目的。

這種「他人暗示」的過程，在每個家庭、辦公室、工廠、俱樂部不斷上演，你會發現，別人的許多暗示——不論他們自知與否——都是為了讓你遵照他們想要的方式思考、感受和行動，最終目的就是他們自己的利益，就算會給你帶來破壞性的結果也在所不惜。

暗示會殺人

我有一位遠親跑去印度找一位非常有名的算命師，要算命師幫他算算自己的未來。那位女算命師說他的心臟不太好，又預言說，下次的新月他就會離開人世。

我的親戚嚇壞了，他召集所有家人來宣布這個惡耗，又去找律師確認自己的遺囑內容。我勸他不要這麼迷信，他告訴我說，那位女算命師的超自然能力是出了名的，她有辦法給你帶來好運，也有辦法傷害你，因此他對她所說的話深信不疑。

日子一天天過去，他變得愈來愈退縮。一個月之前，這個男人還相當健康、快樂、精力充沛，現在他卻病懨懨的。算命師預測的日子到了，他果真心臟病發作，就這麼死了，卻不知道害死他的其實是他自己。

許多人都曾聽過類似的故事，並由此想到這個世界充滿了我們無法控制的神祕力量，而感到不寒而慄。沒錯，這個世界是充滿了各種力量，但是這些力量既不神祕，也不是無法控制。我的遠親害死了自己，因為他讓一個強大的暗示進入自己的潛意識，他相信算命師的力量，因此全盤接受了她的預測。

讓我們再次檢視發生了什麼事，但這次以潛意識運作的角度來看。不論一個人的意識或推論心智相信什麼，潛意識都會接受下來並照著行動。我的遠親去找那位算命師時，本來就處於一種準備接受暗示的狀態，算命師給了他一個負面暗示，他就接受下來了。他被嚇壞了，不斷反覆咀嚼自己將在下次新月時死去的信念，告訴每個人這件事，還著手準備自己的後事。最後送他上黃泉路的，就是他對自己即將死去的恐懼與期待，因為他的潛意識誤以為那是真的。

預測他的死期的女算命師，其實不會比野地上的破銅爛鐵來得更有力量，她的暗示本身也沒有力量可創造或真的帶來所暗示的結果。如果我這位遠親了解心智法則的話，他就會全然否決這個負面暗示，不把她的話放在心上。他大可以繼續過自己的日子，因為他會很清楚，真正在掌控他的其實是自己的念頭和感受；算命師的預言大可以像是投向裝甲車的一顆橡皮球，一點都起不了作用；他大可以把她的暗示一筆勾銷，對自己一點傷害都不會有。然而，由於缺乏覺察和知識，他卻讓暗示殺死了他。

他人的暗示本身對你不會有什麼力量，如果有的話，也是經由你的念頭，你賦予它們的力量。他人暗示要有力量，必須先獲得你的認可，你必須考慮它、接納它，這時，它就會成為你自己的想法，你的潛意識也開始運作，使其成真。

記住，你是有選擇的。選擇生命！選擇愛！選擇健康！

心中假設的主要前提必會成眞

早在古希臘時代，哲學家和邏輯學家就開始研究「三段論」（syllogism）這種推理形式。心智是以三段論來做推理的，在實際的層面上，這就是說不論問題是什麼，只要是意識認定為真的主要前提，就能夠決定潛意識最終會達成的結論。前提如果是真實的，結論也必定會是真實的。

例如：

- 所有成形的物體都會改變並消失；
- 埃及金字塔是成形的物體；
- 因此金字塔會改變並消失。

還有：

- 所有美德都是值得讚揚的；
- 善心是一種美德；
- 因此善心是值得讚揚的。

在上述兩個案例中，第一句陳述就是主要前提，而正確的前提必定會推出正確的結論。

一位大學教授參加了我在紐約市政廳主講的心智科學系列演講，並在演講結束後跑來找我談，他告訴我：「我生命中的一切都一團混亂，我失去了健康、財富和朋友，只要我碰過的東西，都不會有好結果。」

我向他解釋說，他的問題不過是他心中自我毀滅式前提的直接、合理結果。要改變生命，他必須在思維中建立起一套新的主要前提，他必須對下列信念「信以為真」：潛意識的大智大慧正在心靈上、精神上、物質上指引他、導領他。一旦他這麼轉念，潛意識自然而然就會指導他，讓他的決定更有智慧、身體更加健康、心智回復到平和寧靜的狀態。

這位教授於是開始在心中規畫自己夢想的人生樣貌，他的主要前提是：

潛意識的大智大慧會在生活中全方位地指引我、領導我，我擁有完美的健康，和諧法則在我的身心之中運作，我擁有美麗、愛、平靜與富足，我的整個生命由正確行動和神聖秩序統領。我知道我的主要前提是以生命的永恆真實為基礎，我知道、我感受到、也深信我的潛意識會根據我意識裡的思維本質來作回應。

他後來寫信向我報告他的進展：「我每天都複誦我的主要前提好幾次，慢慢地、靜靜地、帶著感情地默唸那些句子。我知道那些句子正逐漸沉入我的潛意識之中。我相信心智的法則，所以我深信這樣做一定會有結果。我深深感激你跟我談的那一席話，我想再說的是，我生命的各個方面都變得愈來愈好，這個做法真的有效！」

潛意識不會爭辯

潛意識無所不知，它知道所有問題的答案，然而，它並不知道自己什麼都知道。潛意識不會反駁你、跟你爭辯，它不會說：「你不可以將這種暗示印在我身上。」

當你在說「我做不到」、「我太老了」、「我負不起這個責任」、「我投錯胎了」、「我沒有什麼政商關係」的時候，你就是在用這些負面想法灌輸你的潛意識，而它也會如是回應。你其實是在阻礙自己往好的方向發展，你是在把匱乏、限制和挫折引入你的生命中。

當你在意識中架起障礙物時，你其實是在否定存在於潛意識的智慧，你實際上是在說，潛意識沒有能力解決你的問題。這會導致心理和情緒上的堵塞，接下來更有可能會生病、出現神經機能症等。

要實現願望、克服挫折，你可以每天大膽而肯定地對自己複誦下面這些話幾遍：

給了我這個願望的大智大慧會領導我、指引我，向我顯現實現願望的完美計畫。我知道來自我潛意識的深層智慧已經在回應，我內在所感受到的、所相信會得到的，將會在外在世界表現出來。一切都處於平衡、平靜的狀態中。

反過來說，如果你老是覺得「沒有出路、迷失了、走不出困境、被困住了」，你就得不到來自潛意識的答案或回應。你如果想要潛意識為你效力，就必須提出對的請求，好得到它的合作。它永遠都會為你效力，它此刻就在控制著你的心跳和呼吸。在你傷到手指頭的時候，它會立即啟動複雜的治療程序。它最根本的傾向是延續生命，它總是在設法照顧、讓你活下去。

潛意識有它自己的心智，但是它會接受你的思考模式和想像。當你尋求問題的答案時，潛意識一定會有所回應，但是它期望你先用意識做出決定和真正的判斷。問題的答案就在潛意識之中，你必須先肯定這點。你如果老是在說：「我看是沒出路了，我現在很困惑、一團混亂，為什麼我就是得不到答案呢？」那麼你就會抵銷你祈禱的效力。就像躊躇不前的士兵一樣，你用盡了生命的能量，卻只是在原地踏步。

讓你心智的轉輪靜止下來吧，放鬆，放下，安靜而堅定地這麼想：

我的潛意識知道答案，它現在正在回應我。我很感謝，因為我知道潛意識的大智大慧無所不知，此刻也正向我透露出完美的答案。我真切的信念會讓潛意識釋放它的光輝、榮耀。這一切讓我感到滿心喜悅。

謹記在心

1 心想好事，好事就會降臨；心想壞事，壞事就會出現。你成天想著什麼，就會變成什麼樣子。

2 潛意識不會和你爭論，只會接受意識的發號施令。你如果說：「我負擔不起。」你的潛意識就會努力令其成真。選擇好一點的想法，下令說：「我要買下它，我在心裡收下了它。」

3 你有能力選擇，選擇健康和快樂吧。你可以選擇待人和善，也可以選擇做個不友善的人。你若選擇與人合作、笑口常開、和藹可親，那麼外在世界也將如是回應你。這是培養優質人格的最好方法。

4 意識心智是「守門員」，它的首要功能在保護潛意識免於謬誤印象的污染。選擇相信好的事物會發生，而且此刻正在發生。有能力選擇是你最強大的力量，選擇快樂、選擇富足。

5 他人的暗示、說法都沒有傷害你的力量，唯一有力量的是你自己的思想活動。你可以選擇拒絕接受他人的想法，並且肯定好的想法。你有力量選擇你要怎麼反應。

6 注意自己所說的話，你必須為自己胡亂說出的每一個字負責。絕對不要說：「我會失敗，我會丟掉工作，我付不起房租。」潛意識開不起玩笑，它會讓所有這些事情成真。

7 心智不會做壞事，沒有哪一種大自然的力量會做壞事，關鍵在於你如何運用大自然的各種力量。用你的心去祝福、治療、啓發世界上的每一個人。

8 千萬不要說：「我做不到。」改用下列思維來克服恐懼：「有了潛意識的力量，我什麼都做得到。」

9 開始從生命的永恆真實、永恆原則這個角度出發思考事情，不再凡事只有恐懼、無知、盲目這些觀點。不要讓別人為你思考，選擇你自己的想法，做你自己的決定。

10 你是你的靈魂（潛意識）的舵手、你的命運的主人。記住，你有能力去選擇。選擇生命！選擇愛！選擇健康！選擇快樂！

11 不論你的意識所假定和相信的真實是什麼，你的潛意識都會如是接受，並令其成真。相信好運、相信神聖的指引、相信對的行動、相信生命中所有美好的事。

在心中想像你所想要的結果的畫面，潛意識就會回應你，去實現你心中所勾勒的美景。

第③章

潛意識的奇蹟力量

你如果相信有生病這回事，或有什麼事是可以傷害你、對你不利的，那你就太傻了。要相信你會獲得完美的健康、成功、平靜、財富以及神聖的指引。

潛意識的力量是不可限量的，它會啟發你、引導你，會從記憶的儲藏庫中喚出清晰的景像。潛意識控制你的心跳和血液循環，它調節食物的消化、吸收和排泄，當你吃下一片麵包時，潛意識會將它轉化成組織、肌肉、骨頭和血液，這些程序非人類所能理解。你的潛意識控制著身體的所有重要程序和功能，它也知道所有問題的答案。

潛意識從不睡覺、永不休息，總是在工作。要發掘潛意識的奇蹟力量很簡單，只要在睡前對潛意識述說你想要做到某件事情，你將會又驚又喜地發現，你內在的力量被釋放了出來，引領你獲致你想望的結果。這個力量和智慧的源頭讓你接上無所不能的能量，這就是讓世界轉動、行星運行、太陽升起的力量。

潛意識是你的理想、抱負和利他衝動的來源。莎士比亞之所以能夠察覺、傳播當時一般凡夫俗子所看不到的偉大真理，都是潛意識的功勞。希臘雕塑家菲迪亞斯能夠擁有高超的雕刻技藝，以大理石和青銅展現美、秩序、對稱和比例，也都是拜潛意識之賜。潛意識是一口看不見底的深井，偉大的藝術家都懂得從中汲取力量，讓他們創作出令人敬畏的作品。潛意識還幫助偉大的義大利藝術家拉斐爾畫出著名的聖母像、偉大的德國音樂家貝多芬譜出動人的交響樂。

我在印度瑜伽聖城里虛凱詩（Rishikesh）的瑜伽森林大學（Yoga Forest University）授課時，曾經和一位來自孟買的外科醫師長談，從他那兒，我得知了伊士戴爾（James Esdaille）醫生令人驚嘆的行醫故事。

伊士戴爾醫生是一位蘇格蘭籍的外科醫師，一八四〇年代曾在孟加拉執業，那是乙醚或其他現代化學麻醉劑尚未出現的年代。然而，從一八四三年至一八四六年年間，伊士戴爾醫生執行了高達四百多次的各種重大外科手術，其中包括了截肢、切除腫瘤和癌細胞增生，以及眼、耳、喉等部位的手術。這些手術都只在心理麻醉之下完成，但是病患都說沒有感覺到疼痛，也沒有人在手術中送命。

同樣不可思議的是，伊士戴爾醫生的患者的術後死亡率也極低。這是早在西方科學家如巴斯德、李斯特等人提出細菌這個感染源之前的事，那時候沒有人知道術後感染是未消毒的工具以及具毒性的有機體引起的。不過，當伊士戴爾醫生對進入催眠狀態的病患暗示說，手術後不會有感染或傷口腐敗的狀況出現，病患的潛意識也就根據他的暗示來作回應，啟動能夠抵抗致命術後感染的必要程序。

想想看：超過一個半世紀之前，這位蘇格蘭外科醫生走過半個地球，終於發現如何運用潛意識的奇蹟力量，真是足以令人敬畏得五體投地。而啟發伊士戴爾醫生、並讓他的病患免於性命危險的這種超自然力量，你也能夠擁有！

你的潛意識可以讓你不受時空限制，可以讓你免於所有的痛苦，也可以解答你所有的疑問。你內在有一股力量、有一種智慧超越了你的理解力，讓你對它的神奇讚嘆不已，這些體驗使得你內心充滿喜悅，並深深相信你潛意識裡的奇蹟力量。

潛意識就是你的生命之書

不論你把什麼樣的思想、信念、觀點、理論或教條，書寫、銘刻、烙印在潛意識裡，你都會以客觀形式展現的情境、狀況、事件體驗到它們，你在內心寫些什麼，你就會在外在體驗到它們。你的生命有兩面，客體與主體、看得見的與看不見的、思想與思想的表現形式。

思想是以神經發射的形態進入腦皮質這個意識器官的，一旦意識或客觀心智完全接受了這個思想，它就會被傳輸到大腦較老舊的部分，在那裡變成血和肉，並實現在你的生命經驗中。

如前所述，潛意識沒有爭辯的能力，只會依照你寫給它的內容來行動。它會全盤接受你的判決，也就是你的意識所做出的結論，因此你永遠都在書寫你的生命之書，因為你的思想會轉變成你的生命經驗。美國思想家愛默生便說過：「一個人成天想什麼，他就是什麼。」

刻印了什麼，就會表現出什麼

美國心理學之父威廉．詹姆斯說，推動世界的力量就在你的潛意識之中。潛意識擁有大智大慧，它被稱為生命的法則，由隱祕之泉供養。不論你在潛意識裡烙印了什麼，它就算撼天動地也要使其成真。正因如此，你必須給它正確的念頭以及建設性的思維。

這個世界會有這麼多的混亂、這麼多的痛苦，就在大多數人並不了解意識和潛意識的交互作用。當這兩個原則調合一致、和平相處、彼此齊心齊力時，你就會獲得健康、快樂、平靜、喜悅。當意識和潛意識能夠和諧地一起努力時，就不會有病痛或爭吵發生了。

在古埃及社會，特利斯墨吉忒斯被推崇為世界上最偉大、最有力量的聖者，當他的墓穴在他死後數百年被重新開啟時，那些研究古人智慧的人都滿懷期待與好奇心，因為相傳史上最大的祕密，就在這位聖者的墓穴之內。確實如此，墓穴內刻著的祕密是：

存乎中，形於外；
上行，下效。

換句話說，不論你在潛意識裡烙印了什麼，它都會表現在空間這個大銀幕上。摩西、以賽亞、耶穌、佛陀、瑣羅亞斯德、老子，以及史上曾經得到啟迪的先知，都宣揚過這個真理。不論你在主觀上感受到的真實是什麼，它就會透過情境、生命經驗和事件表現出來。意向（motion）和情緒（emotion）必須要平衡，行在地上（你的身體和環境），如同行在天上（你的心智），這就是偉大的生命法則。

大自然中處處找得到作用力／反作用力的法則、找得到動／靜的法則，這兩者若能夠平衡，就會有和諧與平靜。活著就是要讓生命原則有節奏地、和諧地流過你的內在，攝入和流出必須對等，烙印在內的和表現在外的也必須對等，你所有的挫折感都是因為你的渴望沒有得到滿足之故。

你的思考方向如果常常是負面的、破壞性的、邪惡的，這些思維就會激發出破壞性的內在情緒，終有一天會在外在表現出來、宣洩出來。這些負面情緒經常是以胃潰瘍、心臟問題、壓力、焦慮等形式表現出來。

你現在對自己的想法或感覺是什麼？你存在的每個部分都在表現這個想法，你的元氣、身體、財務狀況、朋友、社經地位，每一項都恰如其分地反映出你對自己的想法。這就是不論你在潛意識裡烙印了什麼，你生命的各個層面都會如實地表現出來的真正意涵。

我們所抱持的負面想法會讓自己得內傷，你是不是經常因為生氣、恐懼、妒嫉、仇恨而傷害自己？這些都是會潛入潛意識的毒藥，你並不是一生下來就有這些負面態度的。用充滿生氣的思維來供養你的潛意識，這樣你就會抹去進駐在裡面的所有負面思維模式，如果能持之以恆，過去所累積的負面思維就會一筆勾銷。

潛意識治好惡性腫瘤

要一個人相信潛意識的療癒力量，最具說服力的證據莫過於親身經驗了。許多年前，我的皮膚出現惡性腫瘤，我找了最好的醫師治療，那些醫師也嘗試了醫學界最先進的治療方法，但是都不見效，我的惡性腫瘤也愈來愈惡化。

有一天，一位心理知識非常豐富的神職人員跟我分享《聖經・詩篇》第一百三十九篇的內涵，他向我指出下面這段經文：

> 我未成形的身體，你的眼睛早已看見；為我所定的日子，我還未度過一日，都完全記在你的冊上了。（《詩篇》139:16）

這位神職人員解釋說，「冊」指的是我的潛意識，也就是從極微小的原始細胞開始，設計、形塑我所有器官的潛意識。他指出，既然潛意識製造了我的身體，它也就能夠根據原有的完美模型，來重新創造、療癒這個身體。

這位神職人員指著自己腕上的錶對我說：「這隻錶有它的創造者。但是在它成為一個客觀的真實之前，錶匠心中必須對這隻錶有很清楚的概念才行。如果因為某種原因，錶停住不走了，錶匠心中的概念就應該足以讓他把這隻錶修好。」

我了解他想要透過這個譬喻告訴我什麼。創造我的身體的潛意識智慧就像那位錶匠一樣，完全知道該如何治療、修復、指揮我體內所有的重要功能和程序，但是它要能夠好好做到這一點，我必須先給它「完美健康」的概念，這會成為一個「因」，而「果」就是治癒康復。

於是，我為自己設計了一段非常簡單、直接的禱文：

我的身體以及所有的器官，都是由我潛意識的大智大慧所創造出來的，它知道如何治癒我，它的智慧設計出我所有的器官、組織、肌肉和骨頭。我內在這無窮的「療癒性存在」，現在正在轉化我體內的每個細胞，讓我更完整、更完美。我知道身體此時此刻正在康復，我很感恩，我的內在智慧所創造出的傑作，真是太棒了。

我每天重複這段簡單的祈禱兩到三次，每次大聲複誦五分鐘。過了三個月左右，我的皮膚變得完好如初，惡性腫瘤不見了。我的醫師覺得不可思議，只有我知道發生了什麼事，我給了我的潛意識完整、完美、美好等充滿生氣的思維模式，這些思維把造成我所有問題的負面意象和思考模式，通通從我的潛意識中趕了出去。

身體不會自己出毛病，除非內在早已有了相應的心理模式。只要改變心態，不間斷地讓心中充滿自我肯定的想法，你就能夠改變身體。這就是所有治療能夠有效的最根本原理。

S 所有疾病的源頭都來自心智，
身體不會自己出毛病，除非內在早已有了相應的心理模式。

S 療癒的方法只有一種，那就是信心。療癒的力量只有一種，那就是你的潛意識。

S 找出讓你康復的關鍵在哪裡，
要明白只須為潛意識指出正確的方向，你的身心就能康復。

潛意識掌控身體的所有功能

不論你是醒著或睡著，潛意識那永不停歇、不知疲倦的心智活動都在控制著你身體的所有維生功能，而完全不需要意識的參與。當你沉沉入睡時，你的心臟持續有節奏地跳動，你的胸腔和橫隔膜將空氣打進你的肺葉、再打出來；在這裡，身體細胞活動的附產品——二氧化碳，與身體運作不可或缺的新鮮氧氣互相對調。潛意識控制著你的消化程序和腺體分泌，也控制著身體其他神奇複雜的運作。不論你是睡是醒，所有這些都在持續進行。

如果你被迫要利用意識來「操作」身體功能的話，那你注定要失敗，大概還會死得很快，這個過程太複雜、太曲折了。開心手術中用到的「人工心肺」，可說是當代醫學的一個奇蹟，但是，它的功用比起潛意識一天二十四小時全年無休的運作，簡直就是天壤之別。

假設你正坐著超音波噴射客機越過大海上空，這時，你走進駕駛艙內。要你駕飛機當然很難，但是，要你設法讓駕駛員分心、釀成問題，應該就不會太難了。同樣地，意識無法運轉身體，卻能阻礙身體的正常運作。

擔憂、焦慮、恐懼、憂鬱等情緒，都會干擾心、肺、腸、胃等器官的正常運作。醫學界已經開始重視所謂「壓力相關疾病」的嚴重性，原因就是這些思維模式確實會干擾潛意識的協調運作。

當你的身心都感受到干擾時，最好的辦法就是放下、放鬆，讓你不斷運轉的思維之輪靜止下來。好好地跟你的潛意識對話，請它平靜、和諧地以神聖的秩序接手，你會發現身體的所有功能又恢復正常了。一定要用充滿權威、信心的態度跟潛意識溝通，它就會回應你，將你的命令實現成真。

讓潛意識爲你效勞

你要明白的第一件事就是：潛意識永遠都在工作，不論你是否在它身上著力，它都從早忙到晚。潛意識建造你的身體，但是你無法有意識地覺察、聽到內在的這個無聲過程。你該管的是你的意識，而不是你的潛意識。你只要讓你的意識專注在預期最好的事情，並確保你慣常想到的事物都是美好、真實、公正、和諧的，這樣就好了。現在就開始好好照顧你的意識，並全心全意地認知，潛意識永遠會把你的慣性思維表現、再造、顯露出來。

要記住，正如水流過水管時會具有水管的形狀，你的生命原則也會根據你的思維本質來貫穿你的一生。大聲宣稱潛意識內的「療癒性存在」正以和諧、健康、平靜、喜悅、富足等形式流進你的生命，將它想成活的生命智慧，想成你生命中的可愛伴侶，堅信它會持續不斷地流貫你的生命，啟發你、給你生命力、讓你向上提升；那麼，潛意識也會如是回應你。「你相信什麼，什麼就會成真。」

潛意識修復視神經的準則

法國西南部的盧德（Lourdes）是世界最知名的治療聖殿之一，那裡的醫療部門的資料庫滿滿記載著經證實的各種所謂「神奇康復」的案例。其中一個案例是失明的畢雷夫人，她的視神經全都萎縮、沒用了，到盧德治療之後，她竟然恢復了視力。不只一位醫師檢查了她的眼眼，見證說她的視神經仍然是沒有功效的，然而，她卻看得見了！過了一個月，畢雷夫人的眼睛複檢顯示，她的視覺機能已經完全恢復正常。

我完全相信畢雷夫人的視力絕對不是聖殿的神水治好的，治好她的是她的潛意識，是潛意識回應了她的信念，潛意識的治療原則回應了她的思想本質。信念就是潛意識裡的想法，就是要接受某件事物為真，而被接受的想法就會自動執行。

毫無疑問，畢雷夫人是帶著極大的期望與信念前往聖殿的，她深信自己會受到治療，她的潛意識也就這麼回應，釋放出本來就一直在那裡的療癒力量。潛意識創造出眼睛，當然也能讓壞死的視神經「活過來」。創造原則能夠創造出什麼，就能夠重新再創造出什麼。這就是所謂的：「你相信什麼，什麼就會成真。」

傳遞完美健康的概念給潛意識

我曾經在南非約翰尼斯堡碰到一位衛理公會的牧師，他跟我分享他如何克服晚期肺癌的故事，他用的方法就是傳遞完美健康的概念給潛意識。在我的要求之下，他寄來描述自己抗癌過程的詳細記載，我也在此傳授給大家。

一天中有好幾次，我會確保我的精神和身體都完全放鬆下來。我放鬆身體的方法是告訴我的身體說：

「我的腳掌放鬆了，我的腳踝放鬆了，我的腿放鬆了，我的腹肌放鬆了，我的心臟、肺臟都放鬆了，我的頭放鬆了，我的整個存有都完全放鬆了。」

大約五分鐘之後，我發現自己逐漸陷入一種想睡覺的昏沉狀態，這時，我就會肯定地告訴自己下面這些真理：

「神的完美性正在我身上表現出來，完美健康的概念正充滿著我的潛意識。在神眼中我擁有完美的形象，我的潛意識正按照神心中的完美形象來重新創造我的身體。」

結果這位牧師康復的情形好極了。他所用的技巧其實很簡單，就是將完美健康的概念直接傳遞給潛意識。

另一個將健康的念頭傳遞給潛意識的好方法，就是利用經過訓練的、科學的想像。我曾經教某位功能性麻痺病人盡量生動地去想像自己行動自如的畫面：在辦公室內走來走去、摸摸桌子、接接電話，以及他健康時在辦公室內平常會做的事。我向他解釋說，他在心裡把「完美健康」視覺化的想像畫面，將會為他的潛意識所接受。

他全心投入這個角色之中，確實覺得自己回到了辦公室上班。他知道自己給了潛意識具體明確的目標去執行，他的潛意識就像軟片，印上了他視覺化的想像畫面。

他持續密集地進行這種視覺化訓練好幾個禮拜，然後有一天，屋子裡的人都出去了，電話突然響起來。電話機離他的床有三、四公尺遠，儘管如此，他卻勉力起身接起了電話。從那一刻起，他的麻痺症狀消失了，潛意識的療癒力量回應了他心中的想像，他也就不藥而癒了。

這個病人其實是有精神障礙，使得腦部所啟動的神經刺激無法到達兩腿，因此，他就走不動了。當他將注意力移轉到自己內在的療癒力量時，那股力量在他高度聚焦的注意力之中川流，於是，他又能走了。

謹記在心

1 潛意識控制你身體的所有維生功能，也知道所有問題的答案。

2 臨睡前向潛意識提出具體的要求，親身去體驗潛意識的奇蹟力量。

3 不論你把什麼刻印在潛意識之上，它都會以情境、經驗、事件的形式表現在空間這個大銀幕上。因此，你應該小心檢視出現在意識中的所有想法和念頭。

4 作用力和反作用法則是放諸四海皆準的法則。念頭就是作用力，反作用力就是潛意識對念動的自然回應。注意你心中的念頭！

5 所有的挫折感都是因為你的渴望沒有得到滿足而來。如果你腦子裡老是想著障礙、延誤和困難，你的潛意識也會如是回應，你等於是在阻擋自己的好事。

6 生命原則暢流不息。以和諧、健康、平靜的思維餵養你的潛意識吧！你身體的所有功能也將回歸正常。

7 讓意識專注於預期最佳的狀況，潛意識就會忠實地把你的慣性思維複製、重現出來。

8 想像圓滿的結局，或是問題迎刃而解，去感受有所成就的快感吧！不論你想像什麼、感受什麼，潛意識都會接受下來，並使其成真。

9 你一定要有意識地這麼肯定：「我相信給了我這個願望的潛意識力量，現在正透過我來實踐這個願望。」這種信念會消弭所有的衝突。

S 想像你渴望的最終目標，感受它的真實存在，持之以恆，你一定能如願以償。

第4章

古代的心理療法

心想好事，好事就會降臨；心想壞事，壞事就會出現。
你成天想著什麼，就會變成什麼樣子。

古今中外，不同區域、風土、文化的人都本能地了解到，宇宙間存在著某種療癒力量，可以將一個人的身體功能修復到正常的健康狀態。他們相信，這種奇異的力量可在特定情境下被喚醒，而且如果運用得宜，人類的苦痛就會減輕。所有國家的歷史都有支持這個信念的記載。

人類早期歷史中，大家相信左右人向善或向惡的神祕力量，包括治療疾病的力量，是掌握在神職人員和聖人之手。這些人宣稱自己擁有直接來自神的力量，例如能夠把疾病治好。治療的步驟和程序因地而異，一般包括對神祇的祈求和奉祀、各式各樣的儀式，如治療者的手按在患部、唸咒、使用避邪物、護身符、戒指、聖物、神像等等。

譬如說，古代宗教的廟堂祭司會讓病人服藥，然後在病人入睡後施行催眠暗示。祭司會告訴病人，神祇會在睡夢中造訪他們、為他們治病，許多病人便真的痊癒了。

希臘女神黑卡蒂（Hecate）的信徒會在新月之夜到戶外去把蜥蜴、松香、乳香、沒藥混合搗碎，進行完這些神祕又怪異的儀式之後，再向女神祈禱，並服下自己剛剛混合的藥劑，接著便去睡覺。如果信仰夠虔誠的話，女神就會出現在他們的夢中。這種聽起來奇怪、甚至不可思議的儀式，卻經常可見到療效。

古人運用了許多有效的方法來敲醒潛意識的驚人力量，並用在疾病的治療之上。然而，他們雖然知道這些程序行得通，卻不了解為什麼行得通以及是如何運作的。今天，我們很清楚古人是在對潛意識進行強烈的暗示：儀式、藥劑、護身符等都很能迎合古人的想像，有利於潛意識接受暗示；不過，療癒成效其實要歸功於病人自己的潛意識。

從古至今，不乏主流治療失敗、病人放棄希望時，另類醫療卻有非凡成效的案例。這種現象值得我們好好想想。世界各地的這些治療者，到底是如何達到治療成效的？答案是：治療會起作用是因為病人的信念釋放出長駐在潛意識裡的療癒力量。治療者運用的藥方或治療方式愈奇特、愈不可思議，病人愈容易相信這麼怪的偏方一定效力非凡，病人被激發起來的這種情緒狀態，使他們較容易接受治療者的「身體康復」暗示，不論在意識或潛意識的層面皆然。

《聖經》提示的潛意識力量

凡是你們禱告祈求的，只要相信能夠得到，就必得到。（《馬可福音》11:24）

仔細讀讀《馬可福音》中的這段話，注意話中出現的不同時態，其中的動詞「相信」和「得到」是現在式，但是「必得到」卻是未來式。寫下這段話的作者藉由看似微不足道的時態轉換，來告訴後人一件非常重要的事，那就是：我們如果相信自己所想的「已經」實現、「已經」完成，並接受這是個事實，那麼這個願望的實現就會跟著你的思維在「未來」成真。

這個技巧要成功，有賴當事人信心十足地相信他的念頭、想法、畫面，都已在心中成為事實。事物若要在心智之中占有分量，就必須被想成是實際存在之物。

短短幾個字，就簡潔、具體地說明了如何運用思維的創造力，也就是把你所想要的事物烙印在潛意識裡。你的念頭、想法、計畫、意志，就如同你的手、心臟一樣真實。只要遵循《聖經》上的這項技巧，你就能將情境、環境或任何可能隱含負面結果的顧慮，完完全全趕出你的心中；你其實是在心中種下一粒種子（意念），如果能讓它不受干擾，這粒種子必將發芽茁莊，最終在外在世界為你開花結果。

耶穌所堅持的首要條件就是信仰。

《聖經》上一再地寫到：「照你們的信給你們成全了吧。」（編按：即「你相信什麼，什麼就會成真」。）你如果種下了某類植物的種子，你會很有把握它長出來就是那類植物的樣子，這就是種子之「道」，再加上對農學知識和成長法則的信任，你很清楚種子長出來就會是它所屬植物的樣子。

《聖經》中所描述的信仰是一種思考方式、一種心智態度、一種內在的確信，也就是你知道你在意識上全盤接受的念頭，將會經由潛意識的體現，在外在世界化現出來。就某種意義而言，信仰就是要將理性、感官所否認的事物，視同真實地接受下來。信仰就是服藥，拒絕聽從理性的、分析式的、來自意識的小小聲音，而去擁抱一種完全信賴潛意識內在力量的態度。

以下便是《聖經》中最著名的治療技巧案例之一：

耶穌進了房子，他們（兩個瞎子）來到他那裡。耶穌問他們：「你們信我能作這些事嗎？」他們回答：「主啊，我們信。」於是耶穌摸他們的眼睛，說：「照你們的信心給你們成就吧。」他們的眼睛就看見了。耶穌嚴嚴地囑咐他們：「千萬不可讓人知道。」（《馬太福音》9:28-30）

藉由「照你們的信心給你們成就吧」這句話，耶穌是在公開呼籲兩個瞎子的潛意識合作。他們的信心就是他們對「有奇蹟會發生、他們的祈求會得到回應」的巨大期待、內在感受和內在信念，結果事情就真的發生了。這就是經得起時間考驗的古老治療技巧，不管有沒有宗教信仰，世界各地的治療團體都廣泛運用。

而耶穌說「千萬不可讓人知道」的用意，則是希望被治好的病人不要和別人討論這件事，如果四處張揚，他們可能因為懷疑者的惡意批評而受到干擾。這麼一來，他們從耶穌那裡得到的好處，就有可能被抵銷掉了，因為恐懼、疑心、焦慮的念頭就會沉積在潛意識裡。

當生病的人來到耶穌面前要求醫治時，治療他們的其實是他們自己的信仰，以及耶穌對潛意識的療癒力量的信心與了解。不論耶穌對病人下了什麼指令，他自己內心也「信以為真」，由於耶穌和接受幫助的人是共處在同一個宇宙共通的主觀心智裡，他內在對療癒力量無聲的認同和信念，也會改變病人潛意識裡的破壞性負面思考模式，最後的療癒結果，就是病人這種內在心理變化的自然反應。耶穌所下的指令，其實是他向病人的潛意識所發出的呼籲，同時他也對病人的潛意識必定會對他權威十足的命令有所回應這一點，有深刻的體認、感受，也有絕對的信心。

療癒聖殿的奇蹟

每一片大陸、每一個地方都有所謂的療癒聖殿，有些是世界知名的，如法國盧德，有些則只有附近居民才知道。不論是高知名度或默默無聞，這些聖殿的治療之所以靈驗的理由並無二致，同樣都是潛意識的力量在運作。

我曾造訪過一些日本的知名寺廟，其中世界知名的鎌倉大佛寺院，焦點是一座近十三公尺高的巨大銅像，銅像是兩手交疊盤坐的佛陀，頭傾向一邊，好像進入深沉的冥想之中。

我在那裡看到男女老幼跪拜奉祭，祭品有現鈔、水果、米飯、橘子等等，善男信女焚香點燭，口中誦唸禱詞。我在一旁聆聽一個年輕女孩的誦唸，她唸了一段，頭拜下去，供上兩顆橘子。她是因為聲音恢復了，來向佛菩薩還願的；她原本嗓子破了，來這裡拜過之後就好了。她相信只要自己遵行特定儀式、禁食、按規奉祭的話，佛菩薩就會讓她的歌喉恢復，這種單純的信仰喚起了她的信心和期望，她的心智不斷受到薰陶，最終信以為真，潛意識也就如是回應她的信念。

想像和盲目信仰的力量之大，怎麼強調都不為過。有一個奇蹟般的案例，就發生在我一位住在澳洲伯斯的親戚身上，他得了肺結核，肺部的狀況很糟。他兒子決心要幫父親康復，回到家裡就告訴爸爸，他最近認識了一位雲遊四方的修士，據說有神奇的法力。

這位修士剛從歐洲一間聞名全球的療癒聖殿遊歷歸來，他在那裡拿到了一只中世紀的戒指，上面鑲著「真十字架」的碎片。數百年來，多少信徒都因為觸摸了這只戒指或「真十字架」碎片，而擺脫病魔的糾纏。

那兒子聽說這些之後，便告訴修士自己父親生病的事，並哀求借一借那只戒指。修士同意了，兒子也樂捐了五百元美金。

當兒子將戒指拿去給父親時，老頭兒簡直是一把搶過來的。他將戒指緊按在胸前，默默禱告，然後就去睡覺。第二天早上起來，他就痊癒了，所有檢查都呈陰性反應。

諸如此類的療癒案例俯拾皆是，但這個案例最有意思的一點在於，兒子所說的神奇故事全都是編造出來的。事實上，他只是隨手從路邊撿了一片碎木頭，拿到銀樓去請人鑲在一只看起來很古老的金戒指上，然後便拿去給父親。

當然，你我都很清楚，醫好了老父親的並不是路邊撿來的破木片，而是他被刺激到高度發揮的想像力，再加上他對於痊癒滿懷信心的期待。想像力加上信仰（或主觀情感），二者的結合促使潛意識的力量帶出了療癒的效果。

老父親從頭到尾都不知道這個「騙局」，要是知道了，說不定就會舊病復發。結果，他的肺結核未曾再犯，肺部一直完好無虞，直到十五年後才以八十九高壽死於其他原因。

§ 要知道信念就像埋在地下的種子，會長成它所屬植物的樣子。在你心中種下念頭的種子，懷抱期待之心灌溉、施肥，你所種下的念頭必將實現。

§ 做一個心理工程師，運用嘗試過、驗證過的技巧，來為自己建構一個更恢宏、更偉大的人生。

§ 學習為你病痛中的摯愛之人祈禱。先讓你的心靜下來，你所想的關於康復、活力、完美狀態的念頭，會在那宇宙共通的主觀心智裡運作，你所愛的人心中會感受到，這些念頭也會在他心中甦醒過來。

宇宙共通的療癒原則

不同療癒流派卻不約而同都有最神奇的療癒案例的記載，這是廣為人知的事實。最明顯的結論應該就是，各流派之間必定都潛藏著什麼共通的「機關」或方法。沒錯，確實有，治療的

「機關」就是潛意識，而方法就是信念。

好好想想這些最根本的事實：

- 心智有兩種不同的功能，一種指定給意識，另一種則由潛意識執掌；
- 潛意識隨時都在順從暗示的力量；
- 潛意識對身體的功能、感官、狀態具有十足的操控力。

你一定知道幾乎任何疾病的症狀，都能夠在受試者被催眠的狀態下，透過暗示被誘發出來。譬如說，被催眠的受試者可根據所受到的暗示，或發高燒、或臉潮紅、或發冷。你可以暗示受試者說他全身麻痺、無法走路，他就真的會這樣。你也可以拿一杯冷水放在受試者的鼻子下方，告訴他說：「杯子裡都是胡椒粉，你聞聞！」受試者便會不斷地大打噴嚏。你覺得是什麼讓他打噴嚏的呢？是水，還是你的暗示？

如果有人告訴你他對貓尾草過敏，你不妨在他被催眠時，將一朵人造花或一只空杯子放在他的鼻子下方，告訴他說這是貓尾草，他就會出現慣常的過敏症狀。可見，造成他的過敏症狀的原因來自潛意識，而症狀的治療也同樣會在潛意識裡進行。

各類非主流療法如整骨、脊椎按摩、氣功、針灸、自然療法等等，都有非常成功的療癒案例，世界各地不同宗教信仰的儀式、祭典也是如此。很顯然，這些疾病的療癒都是宇宙間唯一的療癒力量——潛意識的作為。

當你的手指頭割傷時，看看潛意識是如何治好它，潛意識就是知道該怎麼做。醫生為你包紮好傷口時會說：「它自己會好！」所謂「它自己」，不過就是自然法則的代名詞，也就是潛意識心智的法則。生物自我保存的本能是大自然的首要法則，自我保存也是潛意識心智最要緊的功能，而最強烈的本能，也就是最強效的自我暗示。

百家爭鳴的醫療理論

各種不同宗教支派和祈禱治療團體，都曾提出各不相同的療癒理論，其中有許多派別宣稱，因為他們的療法頗見成效，所以他們的理論一定是正確的。但是正如我們在本章所討論的，這種說法並不可取。

眾所周知，各種不同療法多得不勝枚舉。生前曾在巴黎執業的奧地利醫師麥斯梅爾（Franz Anton Mesmer，1734-1815）就發現，將磁鐵放在病人身上，就可以奇蹟似地治好疾病；他也用了各種玻璃和金屬片來施行治療，後來，他乾脆不再使用任何物體，而直接將自己的雙手放在病人的身體上。他宣稱自己的治療功力，是來自所謂的「動物磁性」（animal magnetism），而理論根據就是，治療者的手會把某種神祕的磁性物質傳輸到病人身上。

後來，這種療法就以麥斯梅爾的名字命名，也就是所謂的催眠術（mesmerism）。其他內科醫師因為妒嫉麥斯梅爾的成功，宣稱他的療法會成功不過是暗示的作用，沒有什麼高明的。然而，再進一步追問的話，這些人就不得不承認，自己並不知道麥斯梅爾的暗示力量為什麼可以創造出如此神奇的治病功效。

其實，所有這些治療者——精神科醫生、心理學家、整骨醫生、脊椎指壓治療師、西醫以及各種宗教團體，都是在利用長駐在我們潛意識當中獨一無二的宇宙共通力量。每一種治療者大可以強調自己的治病理論，但是真相與此相去甚遠。所有治療過程都不過是在加強一種肯定的、正向的心理態度，那是一種內在態度、一種思考方式，也就是所謂的信念。病會治好是由於當事人信心十足的期待，形成對潛意識的強烈暗示，讓潛意識釋放出療癒的功力。

這個治療者用以療癒的力量，和另一個治療者並無二致，二者的確都會有自己的理論和方法，但是療癒的步驟只有一個，那就是信念；療癒的力量也只有一種，那就是潛意識。選擇吸引你的理論、信仰或療法，不論是哪一種都無所謂，你大可放心，只要信念夠強，你就會得到你要的結果。

帕拉塞爾蘇斯的觀點

著名的瑞士煉金術士兼醫生帕拉塞爾蘇斯（Philippus Paracelsus）生於一四九三年，歿於一五四一年，是十六世紀偉大的治療者，他說過的一段話，以今天的眼光看來已是一個明顯不過的科學事實：

不論你相信的東西是真是假，都會獲致相同的效果。因此，我如果信仰聖彼得的聖像，就如同我原該信仰聖彼得的本尊那樣地虔誠，我應該就能獲致如同信仰本尊的效果。這其實是迷信，然而信仰卻會創造奇蹟，而且不論是真信仰還是假信仰，都一定會創造出相同的奇蹟。

帕拉塞爾蘇斯的觀點也得到十六世紀義大利哲學家蓬波納齊（Pietro Pomponazzi）的回響，蓬波納齊這麼說：

我們很容易想像信心加上想像力所能產生的非凡效果，特別是當這兩項特質在施予影響者和受影響者之間交替作用的時候。許多人認為聖徒遺物可以治病，其實只是當事人的想像和信心使然。江湖醫生和哲學家都知道，如果把聖人遺骨換成隨便什麼人的骨頭，只要病人以為這些骨頭就是真的聖人遺骨，他們還是會覺得有療效。

仔細想想這代表了什麼。你如果相信聖人遺骨的力量，或哪裡的神水有治療功效，或像我的澳洲親戚那樣，相信一片碎木頭的神奇效果，你就會得到你要的結果，因為你給了潛意識強烈的暗示。讓你康復的，其實是你的潛意識。

伯恩海姆的實驗

伯恩海姆（Hippolyte Bernheim）是二十世紀初法國南錫地區的醫學教授，對於醫生的暗示是如何透過潛意識作用在病患身上發揮功效這一問題，他是率先提出解釋的研究者之一。

伯恩海姆提到某個男病患舌頭痲痺的故事，這個男人試盡各種治療方式，沒有一種治得好他的病。有一天，男人的主治醫生宣布說，他找到一種新的治療工具，確定可以解救男人脫離苦海。接著醫生將一隻袖珍溫度計放入男人口中，男人心中所想像的卻是拯救自己的新式工具。片刻之後，男人喜出望外地叫著說，他的舌頭又可以隨意活動了。

伯恩海姆醫生寫道：

在我們所遇過的病例中，像這樣的情形並不罕見。有一位年輕女孩來到我的辦公室求救，她有將近四個月完全無法發聲了，在確診之後，我告訴我的學生說，無法說話這個毛病有時候會在電擊之下立即見效，因為電擊對病患有暗示作用。我叫人去拿電擊儀器，然後將我的手放在病患的喉嚨上，移動了一下，接著說：「你現在可以大聲說話了。」才那麼一下，我便讓她發出「a」、「b」的聲音，然後又說出：「瑪麗亞。」隨後，她繼續清楚地說出話來，失聲的現象完全消失了。

在這裡，伯恩海姆是要證明，病患的信念和期望會產生一股力量，對潛意識形成了強烈的暗示。

用暗示生出水泡

伯恩海姆也說到自己如何讓病患的後頸生出一個水泡來，他在上面貼了一張郵票，但對病患說那是蜜蜂螫出來的包。這類示範在世界各地都得到許多醫生的實驗或親身經驗證實，可見對病患口頭暗示，可以造成身體結構性的改變，已是無庸置疑的事實。

用暗示長出血斑

出血和血斑同樣也可以藉由暗示誘發出來。

為了證明這一點，伯恩海姆醫師讓一位受試者進入催眠狀態，接著對他施予以下暗示：

結束這節催眠之後，今天下午四點鐘，你會來到我的辦公室，坐在這張椅子上，兩手抱在胸前，然後你會開始流鼻血。

那天下午，被施予催眠的年輕人完全聽從暗示，在他兩手抱胸之後，果然有幾滴血從左邊鼻孔滴了下來。

另一次，伯恩海姆在一位催眠受試者的手臂上描出他的名字，然後對他說：

下午四點鐘一到，你就會去睡午覺。你的手臂會沿著我描出的線流血，你的名字就會以血字出現在手臂上。

當天下午那位受試者被仔細地觀察。到了下午四點鐘，他果然睡著了，左臂上他的名字也很明顯地突了出來，有好幾個地方甚至滴出了血。儘管後來手臂上的名字漸漸淡去，但是過了三個月還是隱約辨認得出來。

這些事實在在說明，前面提到的兩個基本論點是錯不了的，那就是：潛意識隨時都在順從暗示的力量，以及潛意識對身體的功能、感官、狀態具有十足的操控力。

前面所提到的例子鮮明地呈現出，暗示能戲劇化地誘發出不尋常的情況。這就證明了：「他心〔潛意識〕怎樣思量，他為人就是怎樣。」

謹記在心

1 經常提醒你自己，療癒疾病的力量就在你的潛意識之中。

2 要知道信念就像埋在地下的種子，會長成它所屬植物的樣子。在你心中種下念頭的種子，懷抱期待之心灌溉、施肥，你所種下的念頭必將實現。

3 你腦海中對一本書、一項發明、一齣劇本的構思，在你心中都是真實的，這就是為什麼你現在就會信其有。相信你的想法、計畫或發明會成真，只要你相信，它就會實現。

4 為他人祈禱時，心裡要很清楚：你心中對於圓滿、美好、完整的無聲認知，可以改變他人潛意識中的負面模式，為他帶來極好的結果。

5 你所聽過的許多有關聖殿或神廟顯靈的奇蹟療癒，都是因為當事人的想像力和盲目信仰對潛意識發生作用，釋放出潛意識裡的療癒力量之故。

6 所有疾病的源頭都來自心裡，身體不會自己出毛病，除非內在早已有了相應的心理模式。

7 幾乎任何疾病的症狀都能夠透過催眠暗示在你身上誘發出來，可見思想的力量有多大。

8 療癒的步驟只有一個，那就是信念；療癒的力量也只有一種，那就是潛意識。

9 不論你相信的東西是真是假，只要相信便會有效果。潛意識會回應你心中的想法，將信念看成你心中的想法，這就夠了。

S 健康的感覺就會帶來健康，富有的感覺就會產生財富。你感覺如何？

第5章

現代的心理療法

跳脫既有方式來思考和規畫一切，
要知道任何問題必有答案和解決方法。

療癒的關鍵到底是什麼？這種療癒的力量上哪裡找？我們該如何實際地運用它？這些都是我們每個人至為關心的重要問題。上述這些問題的答案，其實都是相同的：這種療癒力量就在我們每個人的潛意識之中，生病的人只要轉變心態，就可以釋放出這種療癒力量。

治好病痛的從來就不是精神科學或宗教科學的實踐者，也非心理學家、精神科醫師或任何西醫大夫。西諺有云：「包紮傷口的是醫生，治好傷口的則是神。」心理醫生或精神科醫生「起作用」的方式在移除病患的心理障礙，好讓治療原則釋放出來，使病患康復；同樣地，外科醫師去除肢體的障礙，好讓身體的療癒能量正常運作。沒有任何西醫、外科醫生或精神科學的實踐者有資格宣稱自己「治好病人」，那唯一真正的療癒力量也許有很多名稱——大自然、生命身、神、造物主——但是事實上，這些名稱都只是潛意識力量的不同說法而已。

正如前面所討論的，各種心理、情緒、肢體的障礙都會阻礙賦予我們生命力而具有療癒力量的生命原則，而移除障礙、讓生命源泉恢復暢通的方法有很多。你的潛意識裡固有的療癒原則，只要透過你自己或他人的適度引導，就能夠治好任何身心的毛病。這個療癒原則運行於所有的人身上，不限於任何教派、膚色、種族，你不需要成為某個教會的成員，也能夠參與、利用這種治療過程。就算你公開宣稱是無神論者或不可知論者，你的潛意識還是會治好你手上的燙傷或割傷。

現代心理療法的基礎，是建立在一個事實之上：潛意識的大智大慧和無窮力量會依據你的信念來作回應。精神科學的實踐者或傳教士所遵循的是《聖經》的訓諭，他們走進自己的小房間去「閉門思考」，也就是說，他們把心靜下來、放鬆、放下，好好地思索自己內在無窮的「療癒性存在」；他們關上自己的心智之門，杜絕外頭所有令人分心的事物與表象，然後靜靜地將自己的要求或心願轉交給潛意識，同時心中很清楚潛意識的智慧一定會依照自己的具體需要作出回應。

最美妙的就是：你只要想像你渴望的最終目標，並感受它的真實存在，無限的生命原則就會回應你有意識地做出的選擇和提出的請求。這也就是下面這段《聖經》經文的真義：「只要相信能夠得到，就必得到。」現代精神科學家在進行祈禱治療時，就是這麼做的。

療癒的步驟只有一個

在萬物中運行的宇宙共通療療原則只有一個，我們可以有意識地引導它，讓它透過各種不同管道來保佑我們。

要利用這個宇宙共通的力量，可透過許多不同管道、技術和方法，但是療癒的步驟永遠只有一個，那就是信念，因為：「你相信什麼，什麼就會成真。」

信念法則

世界上的各種宗教代表了各種不同的信仰型式，而這些不同信仰又有許多不同的詮釋。生命的法則就是信念，關於你自己、你的生命以及這個宇宙，你「信」的是什麼？「無論求什麼，只要相信，都必得著。」

信念是你心中的一個想法，它足以讓潛意識的力量依據你的思考慣性散布到你生命的各個層面。《聖經》中提到「信」的時候，並不是要你去相信某種儀式、慶典、形貌、機構或配方，這點你必須了解；它指的是「相信」本身，信念其實就是你心中的想法。

對於信的人，什麼都能！（《馬可福音》9:23）

你如果相信有什麼事是可以傷害你、對你不利的，那你就太傻了。要記住，不是你所相信的「害人」事物在傷害你或對你不利，而是你心中的信念或想法「創造」出這個結果。你所有的體驗、所有的行動、生命中的所有事件和境遇，都不過是你心中想法的反射和回應罷了。

以科學方法來導正意識與潛意識

祈禱或冥想療法是針對某個明確目標，去引導意識和潛意識心智在功能上祥和、有智慧地同步運作。在符合科學的祈禱或祈禱療法中，你必須很清楚自己在做什麼，以及你為什麼要這麼做，你要信任療癒法則。祈禱或冥想療法有時候又稱作精神治療或心理治療，還有一個名稱是「祈禱技術」。

在這種治療形式中，你必須先有意識地選擇某個特定念頭、內心畫面或是想要體驗的計畫，你明白自己有能力將這個念頭或內心意象傳遞給潛意識，方法就是真實地去感受自己所假想的狀態。只要忠實地保持在這種心態中，你的祈禱或冥想就會得到回應。這種療法是為某個明確目標而施行的明確心理行動。

假設你決定要藉由祈禱或冥想療法來醫治某個難題，你很清楚自己的問題或病痛，罪魁禍首必定是充滿恐懼的負面思維在潛意識中徘徊不去；你明白如果能夠清除這些念頭的話，你就會痊癒。

於是，你向潛意識裡的療癒力量求救；你提醒自己，潛意識具有無窮的力量和大智大慧，能夠治好各種毛病和狀況。當你把自己沉浸在這些真相中，恐懼就會開始消融，想起這些真相的思維終將戰勝你原有的不正確信念。

你真心感謝即將出現的康復，然後，你讓心念不再去想那些難題，直到片刻之後，你感覺到某種指引，要你再祈禱或冥想一遍。當你這麼做的時候，你就不會再浪費任何力氣在負面情境上，也不會再浪費一分一秒在想著怎麼都好不起來。這種心態會讓意識和潛意識協調合作，並釋放出療癒的力量。

何謂信仰療法？盲目信仰為何行得通？

一般所謂的信仰療法，和《聖經》中所說「信」並不是同一回事，《聖經》指的是對於意識與潛意識之間互動的認識。信仰治療者儘管懂得治療，對於其中的運作力卻不具備任何科學上的真實理解。信仰治療者會宣稱自己天賦異稟，而病人對於這位治療者或其力量的盲目信仰，可能就會帶來療效。

在世界各個角落，傳統信仰治療者以舞蹈、咒語、求神問鬼來治病，病人可能碰觸了聖人的遺骨、穿了特別的儀式服裝、點了聖燭或香火、喝了特別調和的草藥，病就好了。任何事物只要是能夠讓病人對其療效深信無疑，都會提高療癒的可能性。

任何方法只要能夠讓人從恐懼、憂慮轉向充滿信心、期待，都可以把病治好。許多人宣稱，因為他們提出的理論有成效，因此這個治病理論必定錯不了。然而正如我們所討論過，這是不正確的。

為了說明盲目信仰為何行得通，請回想一下前面提過的瑞士醫生麥斯梅爾。一七七六年時，他宣稱用磁鐵撫觸的方式治好了許多病人。我們在前一章也提到，他後來改變方式，放棄了磁鐵療法，而只用自己的雙手隔空治療，這麼做竟也成功了。為了解釋這種新做法為什麼能夠奏效，麥斯梅爾提出了「動物磁性」的理論，宣稱宇宙間充斥著一種磁性流體，而且在人類體內最為活躍，當他用雙手隔空治療時，磁性流體就從自己的手傳輸到患者的病體內，而治好病患的就是這種磁性的傳送。從此，成千上萬的人都來找他治病，據記載他也確實奇蹟似地治好過許多人。

後來麥斯梅爾搬到巴黎，巴黎政府指派一個小組委員會調查他的治病方式，委員會成員包括了知名醫生和美國科學院的成員。經過徹底的調查之後，委員會承認麥斯梅爾確實治好了許多病人，但卻認為沒有證據可以證實動物磁性理論的正確性，他們主張治療有效應歸功於病患的想像力。

不久，麥斯梅爾便被迫流亡。他在一八一五年逝世，沒多久，英國曼徹斯特的布萊德醫生（James Braid）就以研究證明，麥斯梅爾醫生的治病成效和所謂動物磁性一點關係都沒有。布萊德醫生發現，他可以藉由暗示使病患進入催眠狀態，在這種狀態之下，他順利施行了許多麥斯梅爾宣稱以動物磁性做到的驚人現象。

你可以很清楚地看出，這些奇蹟似的治療毫無疑問都是靠病患的積極想像，再加上對他們的潛意識發出有關健康的強烈暗示而做到的。要說這種療法是盲目信仰，其實並不為過，因為不論是病患或治療者，都不清楚療癒的關鍵在哪裡。

§ 心智不會做壞事，沒有哪一種大自然的力量會做壞事，關鍵在於你如何運用大自然的各種力量。用你的心去祝福、治療、啟發世界上的每一個人吧。

§ 我們每隔十一個月就會擁有一具全新的身體。要改變你的身體，你可以先改變思維，並讓這種改變持續下去。

§ 當你放鬆心智去接收一個念頭，你的潛意識便會開始運作，把這個念頭完全接受下來。

主觀的信念

一個人的潛意識或主觀心智會順從於意識或客觀心智的控制，同樣也會順從於另一個人的暗示。不論你在客觀上相信的是什麼，不論你採取的是主動或被動的相信態度，你的潛意識都會受到這個暗示的控制，而你所想要的結果也就會出現。

心理治療所需要的信念是純粹主觀的信念，而要做到主觀的相信，就要終結來自意識或客觀心智的積極反對。身體的療癒要有效，最好當然是意識和潛意識都同時處於「照單全收」的狀態，然而這並不是絕對必要的。你可以放鬆身心，讓自己進入昏昏欲睡的狀態，藉此進入一種被動性高、接受度高的情境。在這種類似催眠的狀態下，你就會順從地去接納主觀的印象。

有一次，一位男士這麼問我：「那位傳教士到底是怎麼治好我的？當他告訴我說，並沒有生病這回事、這種事根本不存在時，我一點都不相信，我覺得他是在侮辱我的智慧。可是，我竟然被治好了。這怎麼可能呢？」

我告訴他說，答案非常簡單。他因為聽到安慰的話而靜下心來，然後他被引導進入一種完全被動的情境，暫時什麼都不說、不想。傳教士也變得被動，只是用了大約半個小時，持續平靜地、祥和地向這位男士肯定他將變得健康、平靜、協調、完整。

半個鐘頭之後，這位男士覺得自己放鬆了許多，身體也恢復了健康。

顯而易見，這位男士在治療中變得被動，主觀信念便得以實現；同時，傳教士的「完美健康」暗示也傳遞到他的潛意識，兩個主觀心智於是變得和諧一致。

這位男士心中對治療者的能力和理論的疑慮，如果任其浮上檯面的話，就會變成對抗性的自我暗示，傳教士的暗示會難以施展，甚至可能全盤挫敗。然而，在昏昏欲睡的狀態下，來自意識的抗拒力降到最低，病患的潛意識對於傳教士的暗示，接受度也變高。潛意識於是配合所接收到的暗示發揮作用，病患便康復了。

隔空治療的眞諦

假設你住在洛杉磯，有一天你聽說住在紐約市的母親病得很嚴重，你第一個想到的是立刻放棄工作和家裡的一切，趕到她身邊。但是，如果根本辦不到呢？難道你就要放棄藉自己信念的力量助母親復元的希望嗎？

當然不是。你或許無法飛到母親身邊，你的祈禱卻可以。你內在的天父會幫你做工。具創造力的心智只此一家別無分號，心智的創造性法則會為你服務，你該做的就是在自己的心態中誘發一種對健康、祥和的內在覺察，心智的回應就會自動出現。這種透過潛意識來行動的內在覺察，也會跟著在你母親的潛意識中運作，因為你心中有關健康、活力、完整的想法，會透過宇宙共通、只此一家的主觀心智運作，啟動生命中主觀面向的法則，並在你母親身上以療癒的形式展現出來。

心智法則不受時空的限制，同一個心智會透過你母親、透過你——不論你身在何處——來運作。事實上，並沒有所謂的「隔空治療」相對於「親身治療」，因為宇宙共通的心智無所不在。你不是在「送出」一個想法或「留住」一個想法，你的治療方式是一種有意識的思維活動，當你提高自己對於健康、福祉、放鬆等特性的意識，這些特性也會在你母親的生命經驗中復甦起來，你所期望的結果也就會隨之而來。

以下便是一個被誤導為「隔空治療」的實際案例。一位住在洛杉磯的女士得知住在紐約的母親身受冠狀動脈血栓之苦，她無法到母親身邊照顧她，但她做了下面這個祈禱：

「療癒性存在」就在我母親那裡。她的身體狀況不過是她的思想生命的反映，就像投射在銀幕上的影子一樣。我知道要改變銀幕上的影像，就必須先改變影像所反映的主體。現在，我在自己心中為我母親投射出完整、和諧、健康的影像。

創造了我母親身體和器官的無窮的「療癒性存在」，現在正充滿了她的每一分存有，一股祥和之流正流過她身體的每一個細胞。醫治她的醫生會受到神聖的引導和指示，而任何和母親接觸的人，也都會被引導做出正確之舉。

我知道疾病不是絕對的真實，如果是，就沒有能治好的病人了。我現在跟愛與生命的無限原則站在同一陣線，我要和諧、健康、祥和開始在我母親身上表現出來，我也很清楚會是如此。

她每天這麼祈禱好幾次，幾天之後，她母親康復得很理想。她的心臟科醫生非常驚訝，同時也稱讚她能夠對神的力量這麼有信心。

女兒心中推理出的結論，被她自己信心十足地接受了，這就啟動了存在於宇宙共通的潛意識心智中的創造性能量，這個能量又以健康、和諧的形式在母親身上表現出來。女兒對母親所感受的真實，得以同步表現在母親的生命經驗中。

釋放潛意識的動力

我的一位心理師朋友在做切片檢查時發現，身上的重要器官出現了癌細胞。她的婦科醫生推薦的治療方式既痛苦又危險，讓她躊躇不決，於是她嘗試了另一種療法。每天晚上臨睡前，她靜靜地這麼對自己說：「我的每一個細胞、神經、組織、器官，現在開始修復得完整、純淨、沒有瑕疵，我的整個身體都修復得又健康又和諧。」

大約一個月之後，她的身體完完全全地痊癒了。隨後的檢查也顯示，她體內的癌細胞已消失無蹤。

我對此印象非常深刻，同時也很好奇。我問她為什麼要選擇在睡前複誦肯定式的話語。她告訴我說：「潛意識一旦朝某個方向啟動之後，它的動能就會在整個睡夢中持續。這就是為什麼一定要在開始有睡意時，就給潛意識一些好念頭，讓潛意識去運作。」

這是個聰明的答案。請注意，在想著和諧、健康之餘，她從未具體指明自己的病況。

我強烈建議你不要再去談論自己的病痛，或具體說出病名，特別是在臨睡之前。病痛吸收生命精髓的唯一管道，就是你對它的關注和恐懼。你應該像我這位心理師朋友一樣，讓自己成為一位心理手術師，那麼，你的困擾就會像樹木的枯枝一樣被修剪掉。

反過來說，你如果不時去指明、討論你的痛楚和症狀的話，你就會供給這些病痛打擊你的力量，你是在阻礙可釋放出潛意識療癒力量的動能。更進一步從心智法則的角度來看，這些想像出來的東西本來就很容易變成「我所懼怕的」。因此，讓你的心中充滿生命的偉大真相，在愛的光輝中向前行吧。

謹記在心

1 找到讓你康復的原因是什麼。只要給潛意識正確的指引，你的身、心就能夠康復。

2 擬出明確的計畫，好把你的要求或心願交給潛意識去處理。

3 想像你渴望的最終目標，感受它的真實存在，持之以恆，你一定能如願以償。

4 想清楚信念的意義。要知道信念就是你心中的一個想法，而你想什麼就會創造出什麼。

5 你如果相信有生病這回事，或有什麼事是可以傷害你、對你不利的，那你就太傻了。要相信你會獲得完美的健康、成功、平靜、財富以及神聖的指引。

6 經常思索偉大、崇高的念頭，這些念頭就會成為偉大的行動。

7 將祈禱治療的力量運用到你的生活中。選定一個計畫、念頭或內心畫面，在心理上、情緒上和這個念頭結合，只要保有信心，你的祈禱就會得到回應。

8 永遠記住，你如果真的希望得到療癒的力量，可以透過信念來得到它，這意味著要先認識意識與潛意識的運作力——信念是隨著理解而來的。

9 盲目信仰代表療法儘管可能有效，當事人對於其中的運作力卻不具備任何科學上的理解。

10 學習為你病痛中的摯愛之人祈禱。先讓你的心靜下來，你所想的關於康復、活力、完美狀態的念頭會在那宇宙共通的主觀心智裡運作，你所愛的人心中會感受到，這些念頭也會透過他的心智得以實現。

S 睡眠狀態可以避免意識和潛意識的衝突。
臨睡前一遍又一遍地想像願望實現的滿足感，平靜地入睡，並在喜悅中醒來。

第6章

心理療法的實用技巧

生命的法則就是「信念法則」，信念就是你心中的念頭。
不要相信會傷害你或對你不利的事物，要相信潛意識的力量能夠療傷止痛，能夠啟發你，讓你更有力量、更成功。你相信什麼，什麼就會成真。

工程師開始建造一座橋梁或設計一架飛機時，會以自己熟知的技術、自己熟練的技藝和方法來處理會遇到的問題。這些技術、技藝、方法必須學過才會；同樣地，管理、掌控、導引你的生活也有一套認定的技術、技藝和方法。這些方法和技術是你最基本要會的。

在建造金門大橋時，工程師必須先了解數學原理、應力、張力等等。其次，他們會在心中勾勒出一座橫跨海灣的理想橋梁的視覺化意象。第三個步驟，則是將根據那些原理嘗試過、驗證過的方法應用出來。當這三個步驟都完成時，橋梁也就成形了，接下來幾個世代的人車都得以通行其上。

你如果希望祈禱得到回應，就必須從適當的技術和方法入手。祈禱得到回應的關鍵是科學的，沒有任何事情是「純屬意外」，這是個秩序和法則的世界。在這一章中，你會讀到打開、培養你的靈性生活的務實技巧。你的祈禱絕不應像汽球一樣，漫無目的地在天空四處飄蕩；你的祈禱必須有去處，為你的生命就些什麼才行。

仔細分析祈禱這件事，我們會發現其中有許多種不同的管道和方法。本書將不考量宗教禮拜中正式的、儀式性的祈禱，這類祈禱在團體禮拜中占有很重要的地位，但不是我們的討論焦點。我們眼前關注的是高效率的「個人」祈禱方法，那是可應用到日常生活中、用來幫助你自己和他人的祈禱。

祈禱是一個念頭的形成，這個念頭則與我們希望去完成的事情有關。祈禱是靈魂的真誠渴望，你的渴望就是你的祈禱，它來自你最深層的需求，透露出你生命中想要的事物。「饑渴慕義的人有福了，因為他們必得飽足。」這就是祈禱的真正本質，也就是有效率地表達出生命對於平靜、祥和、喜悅以及所有福祉的渴求。

讓渡技巧

我們前面討論過，祈禱要有效的訣竅，就是將自己想要的結果灌輸到潛意識之中。最簡而易行的方法之一，就是所謂的「讓渡技巧」（passing-over technique）。這個方法基本上就是透過意識的協同行動，誘發潛意識將你的要求接收過去。而完成讓渡的最佳時機，就是在半夢半醒的狀態下。

要知道在你的深層心智中，蘊藏著大智大能與無窮的力量。只要平靜地把你所想要的結果想一遍，從此刻起將這個結果的來臨加以視覺化，勾勒出一幅完整的豐收美景。就像患了重感冒、喉嚨痛得不得了的小女孩一樣，她會堅決地不斷祈禱：「感冒走了，感冒走了。」大約一個鐘頭之後，感冒就真的好了。

潛意識會接納你的藍圖

你如果正在為自己和家人蓋一個新家，一定會對新家的藍圖極感興趣。你會想要確保建築工人每個細節都遵循你的藍圖，你會仔細監督他們所用的材料，因為你知道未來新家的生命有賴於建造的材料，你也會慎選最好的水泥、隔熱板、電線、屋頂等等。

那麼，以同樣周到的心思照顧好你的心靈之家，以及你的快樂富足心靈藍圖，難道不也是很重要的事嗎？

你所有的生命經驗以及進入你生命中的每一件事物，都取決於建造你的心靈之家所使用的基礎材料。如果你的藍圖充滿了恐懼、擔憂、焦慮、匱乏等心理模式，如果你老是沮喪、疑心、憤世嫉俗的話，那麼安裝在你心智中的心靈素材也會以各種困境、煩惱、壓力、焦躁、限制的姿態現形。

生命最根本、最有影響力的活動，就是你分分秒秒不停地在自己的心態中建構起來的內容。你所告訴自己的話無聲又無形，然而卻真實得不得了。

你隨時都在建構自己的心靈家園，你的思維和心靈意象就代表你的藍圖。你時時刻刻都可以透過你在心智這個密室所想的念頭、所抱的想法、所接受的信念、所排演的場景，為自己建構燦爛的健康、成功與幸福。這座恢宏的大廈，你永遠都在建造它，它就是你的人格、你在這個空間的身分、你在地球上的整個生命故事。

換一張新的藍圖吧！默默地建造，在每個當下領悟平靜、和諧、喜悅、善意，只要浸淫在這些事物上，追求你本該擁有的，潛意識就會接納你的新藍圖，把這些事物通通實現出來——「憑著他們的果子，就可以認出他們來。」

真誠祈禱的科學與藝術

「科學」這個詞彙的意思是，經過協調、整理、系統化的一套知識。讓我們進一步仔細想想真誠祈禱的科學與藝術，這一套知識體系處理的是生命的根本原則，它所描繪的技術和過程可以在你的生命中得到驗證，也會在如實加以應用的人的生命中展示出來。所謂藝術，就是技術或過程，背後的科學基礎則是創造性心智針對你心裡的畫面或思維所作出的確切回應。

你們祈求，就給你們；尋找，就尋見；叩門，就給你們開門。（《馬太福音》7:7）

這段《聖經》名言帶給我們什麼樣的啟發？它顯然是在說，只要你開口要，就會得到；只要你敲門，門就為你開啟，你也會找到你在尋求的事物。這段教誨透露了精神法則和靈性法則的確定性。潛意識的大智大慧永遠會直接回應你在意識層面的思考。你如果開口要的是麵包，就不可能得到石頭，就是這麼簡單。

你如果想要得到的話，就必須先祈求「相信」。你的心智會從「念頭」轉移到你的念頭所想的「事物」，除非心中先有意象，否則心智無法移動，因為它根本沒有前進的目標。而你的心理行動——祈禱，也必須以意象的形式為心智所接受，來自潛意識的力量才能夠在上頭起作用，並讓它產生效果。你的心智必須先達到某種接受度、某種不質疑的無條件同意狀態才行。

這種冥想必須伴隨「預見願望必能達成」的喜悅、自在才會有效，真誠祈禱的堅實科學與藝術基礎，就在於你信心十足地知道：意識心智的移動一定會得到擁有大智大慧以及無窮力量的潛意識的回應。遵循以上這些步驟，你的祈禱必將得到回應。

所有挫折感都是因為你所想的沒有得到滿足而來。你腦子裡如果老是想著障礙、延誤和困難，你的潛意識也會如是回應，你等於是在阻擋自己的好事。

你可以透過你在心智這個密室中所想的念頭，為自己建構燦爛的健康、成功與幸福。

懷抱輕鬆完成事情的渴望吧，你一定會得到心理科學的助力。

視覺化技巧

形成一個念頭最容易、最淺顯的方式，就是將它視覺化，用你的心眼去看它，宛如它是活的一般栩栩如生。你可以用肉眼看到的，必是外在世界已成事實之物；同樣地，你可以用心眼將之視覺化的東西，也早已經存在你心智的無形領域了。你心中的畫面全都是你渴望的實體事物，也是還未現形事物的證據。你的想像所形成之物，就跟你身體的任何部分一樣真實。你如果忠於自己的內心意象的話，你的念頭和想法都會是真實的，終有一天必會現形在你的客觀世界裡。

這個思考過程會在你的心中形成印象，這個印象跟著就會在你生命中化為事實以及生命經驗。建築師將他們想蓋的建築物視覺化，他們心中看到的就是他們希望蓋成之後的樣子，他們的意象以及思考過程會化作建築物的塑膠模型，實際建物就據此而生。它可能漂亮，也可能醜陋，可能是摩天大樓，也可能是一層樓的小屋，但是無論如何，它的開端都只是一個視覺化的意象。建築師的心靈意象會隨著他畫在紙上而投射出來，然後，建商和建築工人找齊了重要建材，蓋房子的程序一直持續到建築物完成為止，而結果和建築師心中的心靈意象完全符合。

我經常在演講開始之前，先使用視覺化這個技巧。我讓自己的心智轉輪平靜下來，這樣才比較容易向潛意識呈上我所想的意象；然後，我勾勒出整個演講廳，想像座位上坐滿了男男女女，他們每個人都受到內在無窮「療癒性存在」的啟發、啟迪，在我眼中他們是那麼容光煥發、那麼快樂自由。

在想像中初步建立了這個念頭之後，我就靜靜地把它像心靈畫面那樣掛在那裡，同時想像有人說：「我康復了！」「我覺得好棒！」「我的人生改變了！」這麼持續了至少十分鐘，我讓自己知道、感受到現場所有人的身心都充滿了愛、完整、美好，我的覺察愈來愈清楚，最後，我在心中聽到周遭都是驚嘆自己健康、快樂的聲音。然後，我放掉整幅畫面，走上講台。

幾乎每一次演講，我都運用這個技巧，而事後也都會有聽眾上前告訴我，他們的祈禱得到了回應。

心靈電影法

西諺有云：「一幅畫勝過千言萬語。」有一個事實值得一再強調，潛意識會將你心中所想、並全心相信的畫面實踐出來，所謂：「演得像真的一樣，久了就會成真。」

多年前，我在美國中西部巡迴演講，去了好幾個州。我想在那個區域有一個永久的辦事處，這樣我就能服務更多需要我協助的人。後來我到更遠的地方演說，但是一直沒有忘記設立辦事處的念頭。某個傍晚，我在華盛頓州斯波坎市的旅館內，整個人很放鬆地窩在沙發裡，我讓自己的注意力靜止下來，以一種安靜、被動的方式想像自己正在向大群聽眾演講，我對聽眾說：「我很高興來到這裡，我一直在為這個理想的機會祈禱。」

我在心眼中看到那些想像中的聽眾，也真實地感受到他們，我扮演一位男演員，並將心中這部心靈電影加以戲劇化。我很高興這部心靈電影被傳輸到我的潛意識，也知道潛意識會用它的方式把電影內容實踐出來。第二天醒來的時候，我有一種深深的平靜感和滿足感。過沒幾天，我接到中西部某個組織的電話，邀請我擔任他們的主任，我接受了，往後好幾年都非常愉快地享受那份令人滿足的工作。

剛剛所描述的這個方法通常被稱為「心靈電影法」。許許多多看過我的書的讀者、聽過我演講的聽眾，都寫信來告訴我，他們在運用了這個技巧之後，得到了怎樣完滿的結果。

有一個領域心靈電影法似乎特別管用，那就是不動產的銷售。你如果要賣房子或不動產，我建議你先讓自己在心中對於訂價感到滿意，覺得這個價位對你自己和對最終買家都是合適而公平的。這麼做了之後，靜下心來，放鬆、放下一切，進入一種昏昏欲睡的狀態中，這會讓所有心理上的努力都降到最低。這時，想像你手中拿著支票，你感謝這張支票、為拿到這張支票而高興；然後，感受你心中所創造的這整部心靈電影的自然而然，並在這種感受中睡去。

你必須表現得就像這部電影已經成為客觀真實一樣，如此一來，潛意識就會接受下來，成為一個印記。然後，潛意識的大智大慧就會將真正想要買下這棟房子、喜歡這棟房子、並且會因住進這棟房子而交好運的買家帶到你面前。透過心智深層的暗流，賣家和買家相會了。你心中所想、並全心相信的畫面，最終必會實現。

鮑多因技巧

鮑多因（Charles Baudoin）是法國盧梭學院（Rousseau Institute）的教授，他是一位才華洋溢的心理治療師，也是新南錫治療學院（New Nancy School of Healing）的研究主任。他發現在潛意識裡留下印記的最好方式，就是進入昏昏欲睡的狀態，或是一種類似睡眠的狀態，因為在這種狀態下，所有努力都降到最低，念頭比較容易以安靜、被動、接受度高的方式反射到潛意識裡。

鮑多因這麼解釋：

有一個很簡單的方法可以做到這點〔把念頭注入潛意識〕，就是濃縮作為暗示的念頭，將念頭總結為一個簡短的句子，可以很容易銘記在腦海裡，並像催眠曲般一遍遍地重唱。

幾年前，洛杉磯有一位年輕寡婦陷入一場又臭又長的家庭紛爭，過世的丈夫將財產全數留給她，但是丈夫前一段婚姻的兒女卻告上法院，認為遺囑無效。她提出庭外和解的建議也遭一口回絕。

她向我尋求協助，我便將鮑多因技巧解釋給她聽，並要她把需求濃縮成一句簡短、容易記住的話。她最後想到的話是「事情按照神聖秩序落幕」，這句話對她的意思是，透過潛意識法則運作的大智大慧，會依據和諧原則帶來和諧的結局。

連續十個晚上，她坐在一張椅子上，按部就班地放鬆身體，進入一種昏昏欲睡的狀態。進入這種狀態之後，她便會緩慢、平靜而帶著感情地申明這句話：「事情按照神聖秩序落幕。」她一遍又一遍地複誦，最後感到內在達到一種祥和、全然平靜的境界；然後，她便像平常一樣沉沉入睡了。

到了第十一天的早晨，她醒過來時有一種幸福的感覺，同時覺得事情真的結束了。當天她接到律師的電話，對方的律師和丈夫的兒女願意和解，雙方和諧地達成共識，對方不告她了。

睡眠技巧

當你進入一種快要睡著的昏沉狀態時，你的努力就會降到最低，意識也會大幅度沉到心智底層。之所以會這樣的理由在於，潛意識最大幅度浮出心智表層，是發生在臨睡前和剛醒過來時。在這種狀態下，會抵銷你的渴望的負面念頭不再出現，自然也無法阻撓潛意識接收你要傳輸的念頭。

假設你想要改掉某個破壞性的壞習慣，你可以採取一個讓自己舒服的姿勢，放鬆身體，靜止下來。讓自己進入一種昏昏欲睡的狀態，靜靜地、像在唱催眠曲般一遍又一遍地複誦：「我已經完全擺脫這個壞習慣，我內心的和諧與平靜凌駕一切。」每天早晚各做五至十分鐘，每一次都要慢慢地、靜靜地、帶著感情地重複這段話，每重複一次，這段話的情感價值就又提高了些。當你忍不住又想要重複壞習慣時，就對自己大聲複誦這段話。藉由這個方法，你促使潛意識接受正面的念頭，療癒自然跟著出現。

感恩技巧

《聖經》中，保羅便推薦我們以讚美和感恩來宣告我們的要求，這種簡單的祈禱方法會帶來非凡的結果。感恩的心總是最接近宇宙的創造力，而無以數計的福祉也會在互惠法則（基於作用力／反作用力的宇宙法則）之下，通通被吸引過來。

最近，有一位年輕媽媽跟我分享她使用這個技巧的經驗。她說：「我沒有工作、也沒有錢，又有三個年幼小孩要養，我不知道該怎麼辦。然後，我聽到你解釋說，我們在祈禱得到回應之前，就應該心存感恩。這對我就好像當頭棒喝，我知道我一定要試試看。」

這位女士用了三個星期左右的時間，每天早晚各一次，不斷地重複這段話：「感謝天父賜給我的財富。」她以一種放鬆、平靜的態度唸這段話，一直唸到心中被感恩的心情占據。她想像自己是在對內在的無窮力量和大智大慧說這些話，當然，她很清楚自己是無法透過肉眼看到這個創造性智慧或無窮心智的，但她用具有靈性的內在之眼來看，因為她明白了相對於自己急需的金錢、工作和食物，她內心對於財富的意象才是首要因素，她的想法和感受才是財富的實體，不會受到任何背景條件的束縛。

藉由一再重複「感謝天父」這句話，這位女士的心智和心靈被提升到容易接受暗示的高點，當匱乏、貧窮、沮喪等念頭再度來襲時，她就盡量複誦「感謝天父」。她知道只要保持這種感恩的態度，她就可以糾正自己的心智，將它導向富有的念頭。後來的發展正是如此。

這位媽媽的禱告有個極有意思的後續發展。在她開始用上述方式祈禱後沒多久，她在街上碰到一位失去聯絡有五年之久的前雇主，這位雇主給了她一個重要而高薪的工作，甚至先借了她一筆錢，好讓她在領到第一筆薪水前能夠度過眼前的難關。她告訴我：「我永遠不會忘記『感謝天父』的神奇力量，它為我創造了奇蹟。」

肯定法

你的肯定是否有效，主要取決於你對這句話背後的意義、真諦是否了解：「祈禱的時候不可重複無意義的話。」你的肯定是否有力量，要看你能不能有智慧地應用確切而具體的正面思維。假設有一個小學生在黑板上寫下三加三等於七，老師依據數學的必然性肯定地告訴他，三加三等於六才對，於是小學生把七改成六。並不是老師的說法使得三加三等於六，這本來就是個數學真理，那小孩也是因為這樣才把黑板上的數字改過來。

生病是不正常的，健康才是正常的。健康是你存在的真理。當你肯定自己或他人的健康、和諧、平靜時，當你明白這些都是宇宙共通的存在原則時，你就可以在相信和理解你所肯定的道理的基礎上，糾正潛意識的負面模式。

祈禱這個肯定過程會產生什麼結果，要看內容是否符合生命原則，而跟表象無關。想一想：有數學原則，但沒有錯誤原則；有真實原則，但沒有虛假原則；有智慧原則，但沒有無知原則；有和諧原則，但沒有不和原則；有健康原則，但沒有疾病原則；最後，有富裕原則，但沒有貧窮原則。

當我妹妹打算在英國一家醫院開刀拿掉膽結石的時候，我選擇利用肯定療法來為她祈禱。她的診斷依據是醫院的例行檢查和X光片。她希望我能為她的術後療癒祈禱，我當時人在六千多英哩之外，但是我並不擔心，心智原則沒有時空的限制，心智的大智大慧是在任何地方都同時完整存在的。

每天好幾次，我把自己從對妹妹病症的沉思以及肉體人格中抽離出來，然後平靜地、信心十足地這麼肯定：

這個祈禱是為了我的妹妹凱瑟琳，她很放鬆、很平靜、很自在、很平衡、很安寧、很鎮定。創造了她的身體的潛意識療癒智慧，現在正依據蘊藏在潛意識內的完美器官模式，來轉化她的每一個細胞、每一條神經、每一個組織、每一塊肌肉、每一根骨頭。默默地、靜靜地，她的潛意識內的所有扭曲念頭都被移除、消解，生命原則的活力、完整、美好，也都實現在她存有的每一個微小粒子中。她現在開放接納療癒之流，使療癒能量像河水一樣流過她全身，讓她重新擁有完美的健康、和諧與平靜。所有扭曲、醜陋的意象，現在都被流過她全身的愛與和平的無垠大海沖刷掉了，事實就是如此。

兩週之後，我妹妹做了另一次檢查，X光片呈陰性反應。她的醫生承認她的病情急速好轉，原本的手術也取消了。

所謂「肯定」，就是要認定事情本來就是這樣。只要保持這種心態使其成真，就算所有證據都顯示情況剛好相反，你的祈禱仍會得到回應。你的念頭只會肯定，因為就算去否定，你其實已經肯定了你否定事物的存在。複誦某個肯定的說法，心中很清楚自己在說什麼、為什麼這麼說，你的心智就會被導引到接受你所說的事物為「真」的意識狀態。持續肯定生命的真理，直到潛意識作出令你滿意的回應為止。

論證法

這個方法的內涵正如其名。它源自於心理和心靈治療的先鋒——昆比（Phineas Parkhurst Quimby）醫生的驚人成就，昆比醫生一個世紀多前在美國緬因州的貝爾法斯特執業，他是身心醫學的真正開創者，也是第一位心理分析師。他更具有非凡的能力，能在千里之外隔空診斷病患的問題和病痛。

簡單地說，昆比運用得非常成功的論證法，就是一種心靈上的推理。你說服病患和你自己相信，病痛是因為錯誤的信念、無名的恐懼以及占據潛意識的負面模式而起的，你在心中將這點推理清楚了，並說服你的病患說，疾病或病痛只是因為扭曲的思想模式在身體內成了形。這種相信某種外在力量、外在因素的錯誤信念，現在以病痛的形式顯露出來，但是只要改變思維模式，就可以改變它。

你向病人解釋說，所有療癒的基礎都在信念的改變，你也指出，潛意識創造了身體及其所有器官，它會知道該怎麼治療它、也會有辦法治好它，在你說話的同時，它已經在這麼做了。你在心智的法庭上這麼論證：疾病是心智的陰影所造成的，而這個陰影則是由被疾病浸透的病態思想意象而來的。你持續建立起你所能想到的全部證據，為內在的療癒力量說話；而這個內在療癒力量創造了所有器官在先，自然也擁有器官內每一細胞、神經和組織的完美模式。

接下來，你在心智的法庭上作出對你和病患都有利的判決，你以信念和靈性的理解使病人重獲自由，你的心理證據和心靈證據說服力十足。既然宇宙間的心智只有一個，你所感受到的真實在病患的生命經驗中體現出來，疾病的療癒就隨之出現。

絕對法：現代超音波治療

在世界各地，有許多人實行這種祈禱治療形式都得到神奇的效果。使用絕對法治療的人先說出病患的名字，然後默想神以及祂的特質和屬性，例如，神是完滿幸福、無盡的愛、大智大慧、無所不能、絕對和諧、完美無瑕、無法形容的美等等。當這個人默想這些特性時，他的潛意識也被提升到一個嶄新的心靈層次，他感受到神的愛的無垠大海，此刻正在他所祈禱對象的身心之中，把所有異物都消溶掉；他感受到神的愛與力量正聚焦在病患身上，不論令人困擾或煩惱的是什麼，現在都因為生命與愛的無垠大海的臨在，而被抵銷掉了。

絕對法的祈禱方式，可以拿來跟最新的超音波治療做比較。最近，有一位洛杉磯的著名醫生向我解釋了這項新技術，這位名醫所用的超音波設備，會在極高的頻率下發出強力聲波，當這些聲波聚集在身體不正常組織出現的地方時，受到影響的細胞就會和超音波產生共振，作出回應。

我們藉由冥想神的特質和屬性來增強意識、提高覺悟，當覺悟到一個程度時，我們就會發出和諧、健康、平靜的心靈振波，這些心靈振波所針對的對象就會產生共振，並加以回應。許多病人在這種祈禱技巧之下，都神奇地痊癒了。

癱瘓老婦又能走了

昆比醫生在其晚期治療生涯中，經常利用絕對法來治病。

他的手稿提到如何治癒一位癱瘓老婦的故事。他出診到這位久病在床、無法走路的老婦家中，他說老婦的病痛是因為她受限於某些瑣碎、偏狹的宗教教條，以致於她無法站立行走，她活在恐懼和無知的墳墓之中；因為她以字面上的意思來解讀《聖經》，所以把自己嚇壞了。

「在這個墳墓中，」昆比說：「神的臨在和力量正努力破解繩索、突破鐐銬，從死人堆中升上來。」

當這位老婦要求別人為其解釋《聖經》裡的某段經文時，答案是「石頭」，她卻渴望生命的麵包。昆比對這個病例的診斷是：心靈渾濁且淤塞，原因是一直在讀某段《聖經》經文卻無法看清真義，以致於心中充滿緊張和恐懼。這個問題在她身上以沉重、遲鈍的感覺顯現出來，最終便成了癱瘓。

這時，昆比問她下面這段《聖經》經文的意思：

> 我跟你們在一起的時候不多了，我要回到那差我來的那裡去。你們要尋找我，卻找不著；我所在的地方，你們是不能去的。（《約翰福音》7:33-34）

她回答說，這段話的意思是耶穌上天堂了。昆比向她解釋這段話真正的意思，他說，耶穌「跟她在一起的時候不多了」，是他對於老婦之所以會生病，以及她的病徵和感受的解釋。他對她起了片刻的慈悲心和同情心，但是他無法一直停留在那種心理狀態，下一步是「要回到那差我來的那裡去」；昆比表示，這句經文指的是我們每個人內在的神的創造力。

昆比立即開始在心中神遊，冥想神性的理想境界，也就是神的活力、智慧、和諧、力量在病患身上發揮功能。也因此他對這位老婦說：「所以，我去的地方妳是不能去的，因為妳困在妳那狹隘、受限的信仰之中，而我很健康。」

這個禱告和解釋使老婦身上瞬間有所感覺，心中也出現改變。她竟然自己站起來走路，不需要撐拐杖了！昆比說這是他的治療生涯中最獨特的一次經驗，老婦原本是名副其實的「錯得要命」，要讓她恢復生機、回到真實，等於是要把她從死人堆中帶回來。昆比引述耶穌的死而復生，應用到老婦所信仰的基督或她的健康之上，這在她身上產生強力的效果。他也對她解釋說，她新接納的真相，就是將恐懼、無知、迷信這些絆腳石推開的天使或念頭，這麼一來，神的療癒力量便釋放了出來，老婦也因此變得完整。

命令法

我們說的話有沒有力量，是根據話語背後的情感和信念而定。當我們理解到轉動世界的力量，其實是在為我們轉動、為我們的話背書時，我們的信心和把握也會提升。你不會想在力量之上還要再加力量，這其中不能有心理掙扎、壓迫、蠻力或內心角力。

有一位年輕女孩把命令法用在一位老是打電話來騷擾她、要求跟她約會的男子身上。女孩覺得很難擺脫那男子，後來，男子開始到她工作的地方等她，她意識到自己必須立即做些什麼劇烈的改變才行。

每天有好幾次，她讓自己進入一種寧靜的狀態，並重複下達命令：

我將JR釋放給神，他一直在他真正歸屬的地方，我自由了，他也自由了。我現在命令我的話前往無窮的心智，心智會把它實現出來。事實就是這樣。

據女孩說，那男子立即從她生活中消失了，從此沒有再見到他。她說：「好像他被吞到地底下一樣。」

你決定的計畫，他必為你成全，光明必照在你的路上。（《約伯記》22:28）

謹記在心

1 做一個心理工程師，運用嘗試過、驗證過的技巧來為自己建構一個更恢宏、更偉大的人生。

2 你的渴望就是你的祈禱。現在就在心中描繪出渴望得到滿足的畫面，真實地感受它，你就能體驗到祈禱得到回應的喜悅。

3 懷抱輕鬆完成事情的渴望吧，你一定會得到心理科學的助力。

4 你可以透過你在心智這個密室中所想的念頭，為自己建構燦爛的健康、成功與幸福。

5 不斷以科學方法來實驗，直到你親身驗證潛意識的大智大慧永遠會直接回應你在意識層面的思考。

6 感受「預見願望必能達成」的喜悅和自在。你心中的畫面全都是你渴望的實體事物，也是還未現形事物的證據。

7 心中的一幅畫面勝過千言萬語。潛意識會將你心中所想、並全心相信的畫面實踐出來。

8 避免做費力或心裡有壓迫感的祈禱，讓自己進入一種昏昏欲睡的狀態，帶著祈禱已得到回應的感受與覺知進入夢鄉。

9 要記住，感恩的心總是最接近宇宙的財富。

10 所謂肯定，就是要認定事情本來就是這樣。只要保持這種心態使其成真，就算所有證據都顯示情況剛好相反，你的祈禱仍會得到回應。

11 時時不忘神的愛和榮耀，你就會煥發出和諧、健康、平靜的能量。

12 你立意想要、並真實感受的事物都將成真，立意擁有和諧、健康、平靜、富足吧！

S 當你有意識地肯定了某件事物，就不能沒多久又在心理上否定它，這會抵銷你才剛剛肯定的「好事」。

第7章

潛意識有生命優先的傾向

黃金屋就在你的內心，向內尋求你真心渴望的答案。

你的內心生活有九成以上屬於潛意識活動，你如果無法利用這個神奇的力量，你就是迫使自己活在非常狹隘的限制之中。

潛意識的運作永遠是「生命優先」而具建設性的。你的潛意識打造了你的身體，並維持身體的所有重大功能，它一天二十四小時都在運作，從不需要睡覺；它總是努力在幫助你、保存你的生命，讓你免於傷害。

你的潛意識和無窮生命、大智大慧是接軌的，它的衝動和想法永遠都是「生命優先」。人類對於恢宏偉大生命的抱負、啟發和遠景，都來自潛意識。你最深刻的信念是無法用推理來論證的，因為這些信念並不出自意識，而是來自潛意識。

潛意識會用直覺、衝動、預感、提示、渴望、念頭來和你溝通，它總是告訴你要提升、要超越、要成長、要進步、要冒險、要朝更崇高的目標邁進。愛、拯救他人生命的衝動都來自潛意識深處，例如，一九〇六年四月十八日的舊金山大地震釀成大火期間，許多長期臥病在床、行動不便的人竟能夠奮而起身，勇敢堅毅地完成了令人驚嘆的救人行動。當時，這些人內在湧出強烈的欲望，想要不計代價拯救其他需要幫助的人，而他們的潛意識也依此作出回應。

偉大的藝術家、音樂家、詩人、演說家、作家都跟他們的潛意識力量頻道一致，因而靈思泉湧、充滿了生命力。英國作家史蒂文生每晚入睡前，都會指示潛意識在他沉睡時為他發展出故事情節來；只要銀行存款少了，他習慣要求潛意識給他一個叫好又叫座談的驚悚小說故事題材。史蒂文生曾說，來自他心智深處的智慧會把故事一段接一段地給他，就像連載小說一樣。可見潛意識會透過你說出一些崇高、有智慧，而意識卻一無所知的說法。

馬克吐溫曾在許多場合公開表示，他這輩子從來不工作，他的幽默和他偉大的文章全是他懂得開發潛意識這個永不匱乏的儲藏庫的結果。

身體如何表現心智的運作

意識和潛意識要能夠交互作用，相對應的神經系統之間也必須有類似的互動才行。腦脊髓或隨意神經系統是意識心智的器官，自主神經系統則是潛意識的器官。隨意神經系統是你接收意識感知（透過身體感官）的管道，同時你也用它來隨意控制身體的動作，這個系統的控制中心坐落在大腦皮質內。

自主神經系統有時候又稱為不隨意神經系統，活動中心位於大腦的其他部位，分布在小腦、腦幹以及杏仁核，這些器官都各自連接到身體的各個主要系統，支持這些系統的重要功能，就算在缺乏意識覺察的情況下也仍然如常運作。

這兩個系統可以分別運作，也可以同步運作。譬如說，當某個危險的知覺抵達小腦的轉換中心時，這個訊息會同時送達屬於意識的大腦皮質，以及屬於潛意識的小腦杏仁核，因此，在危險被有意識地注意到、並加以評估之前，當事人的防衛能力可能就已經有所反應了。

看待心理和肢體之間互動一個最簡單的方法，就是體察到意識所捕捉的念頭，與隨意神經系統中一連串對應的電脈衝是相同的，這些電脈衝會在不隨意神經系統中激發出一股類似的電流，於是，念頭就這麼遞交給潛意識這個創意的媒介。這就是你的念頭轉變成事物的過程。

意識所抱持的念頭，只要被接受為真實，都會由腦皮質傳送到支援潛意識的其他腦部器官，轉變成血肉，並以真相之姿出現在你的世界。

會照顧身體的大智大慧

當你研究眼睛、耳朵、心臟、肝臟、膀胱等細胞組織和器官結構時，你會發現它們都是由細胞群所組成的，這些細胞群形成了群體智慧，使細胞群能夠共同發揮功能，在操縱心智（意識）的暗示下，它們能夠接收命令，並層層推演般執行出來。

只要仔細研究單細胞有機體，你就可以知道自己這副複雜的身體究竟是如何運作的。單細胞有機體儘管沒有器官，仍舊顯示出心智的作用力和反作用力在執行移動、消化、同化、排除等等基本功能。

許多人說，你如果不去理會自己的身體，自然有某種智慧會把它照顧好。在某種意義上，這確實是真的。麻煩的是，意識老是會依據外在跡象來干擾感官證據，這就導致恐懼、錯誤信念，或讓純粹的個人意見支配了我們，當這些恐懼、錯誤信念和負面模式透過心理上、情緒上的薰陶，在你的潛意識裡留下了印記，這時，除了依照特定藍圖所提供的規格行事之外，潛意識就沒有其他的路可走了。

潛意識會不斷爲大我努力

你內在的主觀自我會不斷為公眾利益努力，反映出萬物背後與生俱來的和諧原則。你的潛意識擁有自己的意志，它的存在是非常真實的，它無時無刻不在起作用，不論你是否用意志讓它這麼做都一樣。它建造了你的身體，但是你看不見、聽不到也感受不到它在建造，這是個無聲的過程。你的潛意識有自己的生命，這個生命總是朝著和諧、健康、平靜前進，這是它內在的神聖規範，並隨時透過你尋求表達的機會。

歷史上所有的偉大人物都有一個大祕密，那就是他們懂得接觸並釋放潛意識的力量。你同樣也做得到。

§ 做一個心理工程師，用嘗試過、真實不虛的技巧，來為自己建構一個更恢宏、更偉大的人生。

人類如何干擾與生俱來的和諧原則

以科學的、正確的角度想一想，我們一定知道「真理」是什麼。誠如古諺所云：「你們必曉得真理，真理必叫你們得以自由。」所謂曉得真理，就是跟潛意識的大智大慧以及無窮力量協調一致，而潛意識永遠是「生命優先」。

每一個不協調的念頭或行動，不論出於無知或有意，都會帶來各種形式的不和諧與侷限。

科學家告訴我們，我們每隔十一個月就會擁有一具全新的身體，因此，從物質的觀點來看，你其實只有十一個月大。你如果因為恐懼、憤怒、妒嫉、不善的念頭而將缺陷帶進你的身體內，你就只能怪自己了。

你是你自己的各種想法、念頭的總合，你可以不要抱持負面的想法和意象，擺脫黑暗之道就在擁抱光明，克服寒冷的方法就是接近熱力；因此，克服負面想法之道，就是以正面想法取代之。肯定好事，壞事就會消失不見。

健康強壯有活力才是正常的

正常小孩出生到這世界上時，是完全健康的，所有器官都正常運作。這就是正常的狀態，我們也應該一直這麼健康、強壯、有活力。自我保存的本能是人類天性中最強烈的本能，這種本能構成你與生俱來最強大、永遠存在、持續運作的真相。你所有的想法、念頭和信念如果能夠和這與生俱來的生命原則協調一致，你必定就能發揮較大的潛能，因為生命原則永遠都會在各方面努力保護你、保存你。從這點來看，要恢復正常狀態肯定比誘發不正常狀態容易得多。

生病是不正常的，生病的狀態純粹意味著你的想法是負面的、你正逆生命之道而行。生命的法則就是成長的法則，大自然中的一切都在見證這條法則的運作，萬物都在靜靜而持續的成長中表現出自己。有成長和表現的地方，就必定有生命；有生命的地方，就必定有和諧；有和諧的地方，就會有完美的健康。

你的思想如果能和潛意識的創造原則協調一致，你便能夠和自己與生俱來的和諧原則同調。你如果抱著跟和諧原則不協調的思想，這些想法會依附著你、騷擾你、讓你擔憂，最後就會造成疾病，如果一直這麼下去的話，甚至可能死亡。

在治療疾病時，你的身體系統必須加強導入潛意識的生命力，讓這種力量遍布全身。要達到這個目的，就必須去除恐懼、擔憂、焦慮、妒嫉、仇恨，以及所有其他破壞性的想法，這些想法會摧殘、毀壞你的神經和腺體——這些身體組織原是掌管排除體內廢物的功能，能讓有機體維持純淨的狀態。

波特氏病治好了

俗稱波特氏病（Pott's disease）的脊椎結核曾經是一種可怕的孩童重症。有個住在美國印第安納波利的孩子安德魯斯染上這種病，雙腿扭曲無法走路，必須用雙手和雙膝在地上爬行。醫生宣告他一輩子都好不了，但是男孩拒絕接受這個宣判，他開始祈禱，還創造了自己的肯定式祈禱內容，每天會重複好幾遍，在心理上盡量吸收自己所需要的特質：

我很完整、很完美、很強壯、很有力、很可愛、很平靜、很快樂。

他每天晚上臨睡前說的最後一句話就是這個祈禱，每天早上說的第一句話也是這個祈禱。他也為其他人祈禱，送出愛和健康的想法。

結果，這種心態和祈禱方式加倍回饋到他身上，他的信念和堅持得到了極大報酬。每當恐懼、憤怒、妒嫉、羨慕的想法吸引了他的注意力時，他就趕緊在心中展開這種肯定法來反制，潛意識也就根據他的慣性思考做出回應。他長大成為一位強壯、挺拔、手腳健全的男人。

這就是《聖經》上這句話的意義：

去吧，你的信使你痊癒了。（《馬可福音》10:52）

潛意識的信念讓你變完整

某位有嚴重眼疾的年輕人來聽我關於潛意識療癒力量的演說，他的眼科醫生告訴他，他必須進行精密而高風險的手術才行。在認識了祈禱有其科學基礎之後，年輕人告訴自己說：「創造我雙眼的是潛意識，它也能夠醫好我。」

每天晚上臨睡前，他會先讓自己進入一種昏昏欲睡、半夢半醒的冥想狀態，他的注意力靜止下來，集中在眼科醫生之上。他想像醫生站在他面前，他清楚地聽見——或想像自己聽見——醫生這麼說：「奇蹟發生了！」每天晚上他都花大約五分鐘的時間一聽再聽，然後才入睡。

三個星期之後，他回診讓眼科醫生再度檢查他的眼睛，醫生檢查之後驚呼道：「這真是個奇蹟！」

發生了什麼事呢？這個年輕人以眼科醫生作為工具或手段來傳遞想法給潛意識，使潛意識相信眼睛康復了。透過不斷的重複，以及心中的信念和期待，他把想法灌輸進了潛意識。潛意識創造了他的眼睛，擁有眼睛結構健康正常時的完美模式或藍圖，一旦眼睛恢復正常的念頭灌輸進了潛意識裡，潛意識便立即展開治療程序。這就是只要相信潛意識的療癒力量，你就可以變得健康完整的又一案例。

謹記在心

1 你的潛意識打造了你的身體，而且一天二十四小時都在運作。你的負面思想會干擾這種供應生命的運作模式。

2 臨睡前交給潛意識一個任務：給所有的問題找出答案。潛意識一定會回應你。

3 注意自己的念頭。每個被你認為真實的念頭，都會由你的意識腦皮質傳送到潛意識腦部結構，並在你的生命中實現出來。

4 你可以重新塑造自己，只要供給潛意識一張新藍圖就行了。

5 潛意識有「生命優先」的傾向。你該做的是專注於你的意識，以真實的前提餵養你的意識，潛意識就會根據你的慣性心理模式再製出來。

6 我們每隔十一個月就會擁有一具全新的身體。要改變你的身體，你可以先改變思維，並讓這種改變持續下去。

7 健康是正常的，生病才不正常，人類與生俱來的和諧原則本該如此。

8 妒嫉、恐懼、擔憂和焦慮的想法會撕裂、破壞神經系統和腺體，造成各種心理和身體的疾病。

S 你有意識地肯定、並真實感受的事物，都會在你的身、心和生活事務上體現出來。肯定美好的事物，活在喜悅之中吧！

第8章

如何能夠心想事成

你的思維的作用力，以及你的反應的反作用力，都是潛意識的回應。明智地思考，你就會有明智的決定。

不是所有的祈禱都會得到回應，這點每個人都知道。懷疑論者認為這是祈禱沒有用的證據，他們忽略了要祈禱發揮作用，我們必須有效地運用它、對祈禱的科學基礎有清楚的認識才行。唯有這樣，我們才有辦法知道為什麼某個祈禱沒有效，並找出讓祈禱奏效的實際方法。

你的祈禱如果並沒有如你所期待的得到回應，怎麼辦呢？首先，你必須了解失敗的主要原因，那就是：缺乏信心或是過度努力。許多人其實是自己阻礙了祈禱的效應，因為他們沒有充分了解潛意識的運作方式。當你知道心智是如何發揮功能時，你就會獲得一定程度的信心。

你必須記住，每當你的潛意識接受了一個念頭，它就會立刻開始著手執行，動用它強大的資源來達成這個目的，同時動員心智深處的所有精神法則和靈性法則。這種規則適用於好念頭，但壞念頭也同樣行得通，於是，你如果負面地使用潛意識，它就會帶來麻煩、失敗、困惑；但如果建設性地使用它，它就會為你帶來指引、自由和心靈的平靜。

只要你的想法是正面的、建設性的、充滿愛的，你一定會得到對的答案。由此看來，很顯然，要讓祈禱不再失效，你只要讓潛意識接受你的想法或要求就行了。現在就去感受潛意識的真實性，其他就交給你的心智法則吧！抱著信心、懷著信念把你的要求交出去，潛意識就會接手並回應你的要求。

但是，只要你想強迫潛意識為你服務，都必將失敗，你渴望的結果也只會離你更遠。潛意識不會去回應心理上的壓迫，只會回應你的信念或意識所接受的事物。

祈禱沒有結果，也可能是因為你在心裡這麼對自己說：

- 事情愈來愈糟糕
- 我永遠得不到回答
- 我看不到出路
- 事情完全沒有希望
- 我不知道該怎麼辦
- 我完全搞不清楚狀況

當你心中有這些說辭時，你是無法得到潛意識的回應或合作的。就像一個士兵在原地踏步一樣，你既無法前進也後退不了，換句話說，你哪裡都到不了。

想像你搭上計程車，向司機指出五、六個不同的方向，司機必定困惑得不得了，甚至可能會拒絕載你。就算他想遵照你的指示，也不知道該如何是好，沒有人知道你最後會去到哪裡。

當你和潛意識的強大力量一起合作時，情況也是如此。你心中一定要有很明確的想法、一定要有很肯定的決心，確信擾人的病痛一定會有出路、會有解決方案的。答案只有潛意識內的無窮智慧知道。當你在意識層次下了明確的結論時，你才會有決心，而「你相信什麼，什麼就會成真」。

放鬆就對了

某位屋主家中的暖氣爐在嚴冬中突然壞了，他打電話叫工人來修理，工人旋即趕到，不到半個小時，暖氣爐又可以運轉了。然後，工人開了一張兩百元美金的帳單給屋主。

「什麼！」屋主嚷道：「你根本沒花什麼時間，只不過換了個小零件而已，這小玩意兒還不到五塊錢吧，竟敢跟我收兩百塊？」

工人聳聳肩說：「零件我只算你兩塊錢。」

屋主將帳單舉到工人眼前，喊道：「兩塊錢！這裡是兩百塊！」

工人回答說：「沒錯，剩下來的一百九十八塊是我知道問題在哪裡和把它修理好的技術費。」

你的潛意識是什麼都知道的總機械師，它知道治好你身體所有器官的方式和手法。你只要向它「要」健康的身體，它就會聽命行事，但是，「放鬆」是其中的關鍵——放鬆就對了。

不要老是牽掛著細節、手法等等，而讓自己深陷泥淖之中，只要知道最後結果就成了。不論是健康、財務或人際關係的困擾，去感受問題圓滿解決的感覺，回想你在重病康復後的那種感覺。要牢牢記住，你的感受是潛意識展現你心中所想的試金石，對於你的新想法，你必須主觀感受到最後完成的狀態才行，不要感覺那是在未來可能實現的事物，而要感覺在當下就已經在實現了。

用想像力，而非意志力

召集潛意識的力量並不是在用力推開障礙，更努力不會帶來更好的結果，意志力在這上頭不管用。你要做的是視覺化最終的結果，以及這個結果所產生的自由狀態。你將發現你的智力會想要插手，試圖找出方法解決問題，並將這些方法強加在潛意識之上。

這時，你要抗拒這種慣性，將你解決問題的理智擺一邊去，維持一種單純、天真、創造奇蹟的信念。想像自己不再受病痛或問題困擾的畫面，想像你所追求的自由狀態以及那種情感上的滿足感，過程中要能排除各種繁瑣的細節，簡單就是最佳的策略。

訓練過的想像力最有效

有一個奇妙的方法可以讓你得到潛意識的回應，那就是利用受過訓練或科學化的想像。正如我們前面討論過的，潛意識是身體的建築師、建造者，它控制你所有的維生功能。

《聖經》中說：「無論求什麼，只要相信，都必得著。」所謂相信，就是接受某件事確有其實，並活在「事已成真」的狀態下。只要維持這種心態，你將會體驗到祈禱得到回應的喜悅。

§ 想像力是你最厲害的本領。想像令人愉快的事物、想像好的結果，你怎麼想像自己，你就會變成那個樣子。

§ 指引出現時是一種感受、一種內在的覺察、一種揣不住的第六感，你會很清楚自己已了然於心。那是一種內在的觸動，跟著它走就是了。

祈禱成功的三個步驟

成功的祈禱有三個基本步驟：

一、意識到或承認問題的存在；

二、把問題交給潛意識，單靠潛意識就可知道出路何在，找到最有效的解決之道；

三、在深深相信問題已經解決的感覺中安定下來。

懷疑、猶豫只會削弱你的祈禱，不要對自己說「我希望病能夠好」或「我希望這會有效」，你對於想要完成的事情的感受，會為你的祈禱定調。和諧本來就屬於你，要清楚認知健康也本來就屬於你。

你如果能成為潛意識的無窮療癒力量的載具，你就會變得很有效能。帶著百分百的信念將健康的念頭傳遞給潛意識，然後放鬆下來，將你自己交給潛意識的力量，對你所期望的情境說：「這些也都會實現。」透過放鬆和信念，你就能把想法灌輸給潛意識，而想法背後的行動能量就會接手，將想法具體實現出來。

爲什麼有時候結果剛好相反

庫埃（Emile Coué）是著名的法國心理學家，他的演講為他在美國贏得無數愛好者和追隨者。他的重要見解之一是：

當你的渴望和想像力有所衝突時，想像力鐵定會占上風。

他把這種現象稱為「反向努力法則」。

假設有人叫你從地上的一塊狹長木板走過去，你很容易便做到了，一點問題都沒有。但是，如果同一塊木板是放在六十公尺高的地方，並且架在兩堵牆上面呢？你會上去走嗎？你做得到嗎？

大概沒辦法。你想走過木條的渴望，會和你的想像力發生衝突，你難免會想像自己跌落木板、墜落好一陣子才著地。你可能非常想要走完這塊木條，可惜跌落下來的恐懼讓你卻步不前，你花愈多力氣想要克服或壓抑自己的想像，你就給了「跌落」這個主控想法愈多氣力。

也就是說，「我將用我的意志力來克服失敗」這個想法，反而強化了失敗的念頭。人在精神上的努力經常會導致自我挫敗，創造出和你想要的剛好相反的結果。全神貫注在「需要施加意志力」的結果，就是在強化無能為力的處境。就像你下定決心要克盡所能不去想有綠色河馬的存在，這個決心反而讓你心裡一直盤踞著綠色河馬的意象，而潛意識總是傾向回應主控的念頭。如果有兩個相互矛盾的提議，潛意識就會接納較為強烈的那一個。

或許你會發現自己腦子裡在想：

- 我想要康復，為什麼老沒辦法呢？
- 我這麼努力，為什麼都沒有結果呢？

- 我一定要逼自己更努力祈禱。
- 我非得用上所有的意志力不可。

你必須明白自己的錯誤在哪裡，你太努力了！絕對不可以透過意志力來強求潛意識接受你的想法，這樣的努力注定要失敗，結果往往和你所祈禱的內容剛好相反。不費力的方法才是最好的方法。

你是否曾經碰到類似這樣的事情：考試將近，你花了很多時間用功讀書，努力準備，你覺得自己成竹在胸，但是當你面對空白的答題卷時，你的腦袋也同樣空白，你原有關於那個考題的知識突然全都離你而去，你想不起一絲線索來，你咬牙切齒想召喚所有的意志力，但是你愈努力，那些知識反而愈想不起來。

你帶著挫折感走出考場，精神上的壓力現在放鬆了，突然間，幾分鐘前你才拚命要捕捉的答案，現在好像要捉弄人一般，通通想起來了。你告訴自己那些知識你是熟記在心的，確實如此，但偏偏不在你需要的時候出現。你所犯的錯誤就在強迫自己想起來。而依據「反向努力法則」，這麼做不會成功，只會失敗；你所得到的恰恰和你所祈求或祈禱的相反。

渴望和想像的衝突必須解決

運用意志力或精神上的努力，就是預先假設了有對立存在。而當你想像對立的情境，就真的會創造出對立來。你的注意力如果總是集中在阻礙獲得自己所願的事物之上，那麼，如何獲得所願便不再是你的注意焦點了。

《聖經》上這麼說：

> 你們當中若有兩個人，在地上同心為什麼事祈求，我在天上的父必為他們成全。
>
> （《馬太福音》18:19）

上面說的這兩個人是誰？他們代表你的意識和潛意識在任何念頭、渴望或內心意象上都能同意或和諧一致，當心智的各個部分不再吵鬧，你的祈禱也將得到回應。這兩個同心的人也可用來代表你和你的渴望、你的想法和你的感受、你的念頭和你的情緒、你的渴望和你的想像。

要避免渴望和想像之間的衝突，你可以讓自己進入一種昏昏欲睡的狀態，這會讓所有的刻意作為都降到最低，意識在這種狀態下也將大幅沉潛下去。灌輸潛意識想法的最佳時機，就是臨睡之前，因為潛意識在臨睡前以及剛睡醒時會「浮上檯面」最多，在這種狀態下，可能把渴望抵銷掉的負面想法和意象便不再現身，也因此可以防止潛意識接收到這些負面事物。這時，你若能想像渴望得到滿足的真實感，感受成就所帶來的悸動，潛意識就能夠將你的渴望具體實現出來。

許多人有辦法解決困境和難題，都是因為他們懂得先控制、指引、訓練自己的想像力，然後再盡情發揮，這些人很清楚自己所想像和真實感受的事物，都必將實現。

一位名叫夏拉的年輕女孩來找我時，已近乎絕望，她被一宗冗長複雜的官司纏身，訴訟一再拖延，看不到結束的時候。她渴望看到官司和解落幕，但是，她心中的畫面卻盡是失敗、損失、破產和貧窮。結果就如庫埃會預測的那樣，她的想像力戰勝她的渴望，官司一拖再拖。

在我的建議之下，夏拉臨睡前先讓自己進入一種半夢半醒的昏沉狀態，然後開始想像事情的最佳結局。她盡最大的努力去感受這種狀態，因為她知道自己心中的意象必須和她的渴望一致才行。

半夢半醒中，她開始想像和律師在官司結束後的會面情境，並盡可能想像成像真的發生了一樣。她聽到自己在問律師訴訟的結果，在聆聽律師的解釋；她聽到律師一再告訴她說：「這個案子已經在庭外和解了，這是最好、最和平的結局了。」

白天裡，每當恐懼的念頭又出現時，夏拉就會放映她和律師會面的心理錄影帶，對話的內容、動作一應俱全。她想像律師微笑的樣子、他的姿態、他的聲音、他的用字遣詞。她一板一眼、一遍又一遍地重複這樣做，最後在她還沒感覺到恐懼浮現之前，這些影像就已經把恐懼抵銷掉了。

幾個星期之後，她接到律師的電話。律師所說的消息證實了她這陣子的想像和感受是真的！官司和解了，和解內容也是她可以接受的和平落幕。

這就是《聖經・詩篇》作者所說的：

耶和華〔潛意識法則〕我的磐石、我的救贖主啊〔能把你從病痛、束縛和悲哀中拯救出來的潛意識力量和智慧〕！願我口中的言語、心裡的意念〔你的想法和心靈意象〕，都在你面前蒙悅納。（《詩篇》19:14）

謹記在心

1 心理上的壓迫感或過度努力顯示你心中充滿焦慮和恐懼，足以阻礙答案的出現。放輕鬆就對了。

2 當你放鬆心智去接收一個念頭，你的潛意識便會開始運作，把這個念頭執行出來。

3 跳脫既有方式來思考和規畫一切，要知道任何問題必有答案和解決方法。

4 不要過度關心心臟是否在跳動、肺臟是否在呼吸，或身體的其他器官是否運作正常。把一切都交給你的潛意識，並不厭其煩地宣稱：神聖的力量正在你身上運作。

5 健康的感覺就會帶來健康，富有的感覺就會產生財富。你感覺如何？

6 想像力是你最厲害的本領。想像令人愉快的事物、想像好的結果，你怎麼想像自己，你就會變成那個樣子。

7 睡眠狀態可以避免意識和潛意識的衝突。臨睡前一遍又一遍地想像願望實現的滿足感，平靜地入睡，並在喜悅中醒來。

所謂肯定，就是要認定事情本來就是這樣。只要保持這種心態使其成真，就算所有證據都顯示情況剛好相反，你的祈禱仍會得到回應。

第9章

利用潛意識的力量致富

有了潛意識的必勝助力，你可以選擇輕鬆致富。想透過汗水和苦幹累積財富的話，你就只能等下輩子。

如果你有財務困難，如果你得省吃儉用才能勉強度日，那就表示你還沒說服潛意識你在金錢上永遠不虞匱乏。你知道有人每週只工作幾小時，卻賺進大把鈔票嗎？他們並沒有賣命操勞。不要再相信致富的唯一方法就是揮汗苦幹了，事實並非如此，不費力的輕鬆生活才是最好的辦法。做你喜歡做的事，因為它讓你快樂、讓你高興才去做吧！

我認識一位住在洛杉磯的企業主管，他的年收入是六位數的美金。去年他用了九個月時間坐船環遊世界，飽覽各地美景。他告訴我，他讓他的潛意識相信了自己就是值這麼多錢，還說他公司裡有些人賺的只有他的十分之一，但專業和管理能力其實都超過他，只是這些人既沒有野心，也缺乏創意，他們對於自己潛意識的奧妙一點都不感興趣。

財富就在你心中

說到底，富有不過就是一個人的潛意識信念。單單只說「我是百萬富翁、我是百萬富翁」，你是無法致富的。要在自己的心態中建立富有和豐足的念頭，你才有可能養成富有的意識。

無形的支援

多數人的問題在於他們缺少一種無形的支援，一旦生意失敗、股票下跌或投資失利，他們就感到無助。會有這種不安全感，就在於這些人不懂得如何開發潛意識，不熟悉自己內在這座永不耗竭的黃金屋。

抱持貧窮心態的人，會發現自己老是陷入貧困交加的情境。有些人則因為心中充滿富有的念頭，而總是不虞匱乏。老天從來沒有安排我們過窮困的生活，你本來就可以擁有財富、擁有你所需要的每一樣東西，而且還會多出許多。你的話有洗淨你心中錯誤想法、代之以正確念頭的力量。

建立富有意識的良方

當你讀著這一章時，你或許會這麼想：「我需要財富，我需要成功。」那麼，你可以這麼做：每天三到四次、每次大約五分鐘，不斷重複對自己說：「財富。成功。」這些詞彙有著驚人的力量，它們代表了潛意識的內在力量。把你的心安定在內在這個堅實的力量上，那麼，與其本質、特性相符的情境，就會在你的生命中表現出來。你不只是嘴巴上說：「我很富有。」你是浸淫在內在真實的力量之中，當你口中說著「財富」的時候，你的心中沒有衝突。而且，只要你持續浸淫在財富這個念頭上，富有的感覺也會逐漸滿溢你的心中。

富有的感覺就會產生財富，要時時想著這一點。潛意識就像一間銀行，像某種全球性的財務機構，不論你存入什麼念頭，不論你烙印上什麼想法——富有也好，貧窮也罷——它都會把內容擴大。所以，選擇富有吧！

爲什麼你肯定的念頭會失敗

這些年來，我跟許許多多人談過話，他們最常抱怨的是：「我已經對自己說『我很富有，我很成功』說了幾個禮拜、甚至幾個月了，但是什麼事都沒發生。」我發現他們雖然口說：「我很成功，我很富有。」心裡卻覺得自己在騙自己。

有一位男士告訴我：「我不斷肯定地告訴自己我會成功，到後來自己都煩了，結果事情反而更糟。我自己這麼說的時候，就已經知道顯然不是這樣了。」他的說法受到意識的否定，所以，和他對外肯定的說法相反的情境，就被實現了出來。

你的肯定要得到最佳成果，你所肯定的事物必須具體，而且不會造成心理上的衝突或辯證。上述這位男士的說法讓事情變得更糟糕，因為當中就透露出他的匱乏。潛意識接受的是你真正感受為「真」的事物，而不只是無意義的字句和說法而已。主控的想法和信念永遠會被潛意識接受下來。

如何避免心理衝突

對於有這方面困難的讀者，在此提供克服這種衝突的理想做法。經常告訴自己下面這個實際的說法，尤其臨睡前說特別有效：「我所關心的事情無時無刻不在蒸蒸日上。」這種肯定方式不會引起辯證，因為這跟潛意識裡關於財務匱乏的印象並不抵觸。

我認識的一位企業家在生意上、財務上陷入低潮，他非常擔心，我建議他在自己的辦公室坐下來、靜下心來，然後一遍遍地重複下面這個說法：「我的生意一天比一天好。」這個說法促成了意識與潛意識的合作，結果就出來了。

不要亂開空白支票

當你對自己說「錢不夠用」、「又短缺了」、「我會因為付不出房貸而沒地方住」……諸如此類，你就是在開空白支票。如果你對未來充滿恐懼，你也是在簽下空白支票，把負面情境都吸引到你身邊。潛意識會把你充滿恐懼和負面思想的說法當成你的請求接受下來，並以它的方式將障礙、延宕、匱乏和限制帶進你的生命中。

富有是一種潛意識信念，把富有的念頭加入你的心態中吧！

財富的真正來源是由你心中的念頭所組成，你的一個念頭可以值上億元。你要尋找的念頭，潛意識都會給你。

通往財富的障礙就在你自己心中，排除障礙的方法就是在內心與人和睦相處。

潛意識給你的複利回饋

「凡是有的，還要給他，他就充足有餘；凡是沒有的，就算他有什麼也要拿去。」不論你存入了什麼，潛意識都會加上好幾倍去放大它。每天早上醒過來時，在潛意識裡存入好運、成功、富有和平靜的念頭，讓自己浸淫在這些概念裡，隨時讓心中充滿這些念頭。這些建設性的想法會自己找到路，進入你在潛意識中，為你帶來成功和富足。

爲何什麼事都沒有發生

我聽得到你們在說：「嘿！我都做了，還是什麼都沒有發生。」你得不到結果，是因為你的好念頭可能才出現十分鐘，你又一頭栽進恐懼的想法之中，把你才剛剛肯定的好事抵銷掉了。你如果剛種下一粒種子，不會沒過多久又把它挖出來，你會讓它在土壤裡生根、茁壯。

舉個例子，假設你想要說：「我一定付不起這個錢。」當你說到「我一定……」就趕快停下來，將句子改成建設性的說法，例如：「我一定會在各方面都愈來愈好。」

財富的眞正來源

潛意識永遠不缺點子，潛意識中有無窮的點子，隨時準備流進你的意識，並透過各種形式變成你口袋中的鈔票。不論股市的漲跌，不論幣值的升貶，這個程序都會在你的心智中這麼運作下去。你的財富從來不需要靠債券、股票或銀行存款來決定，這些都只是象徵符號——必要而有用，但就只是象徵符號而已。

我要強調的是，你如果能說服潛意識，讓它相信財富是你的，也一直會在你的生命中循環，那麼，不論以什麼形式出現，你一定會永遠擁有財富，擋都擋不掉。

省吃儉用與匱乏的眞正原因

很多人都說自己老是得省吃儉用的，才能勉強糊口，這些人似乎得很努力，才有辦法挑起生活的擔子。你聽過這種人的對話嗎？他們的對話多半循著這種脈絡進行：總是在譴責那些出人頭地的成功人士。他們可能會說：「嘿，那傢伙一定有什麼不法勾當，他一向心狠手辣，不是個好東西。」

這就是為什麼這些人會匱乏，因為他們老是在譴責自己說想要得到的東西。他們會對比自己成功的人尖酸刻薄，就是因為垂涎、妒嫉別人的成就。而趕走財富最快速的方法，莫過於批判、譴責比你富有的人了。

常見的財富絆腳石

有一種情緒是造成許多人一生匱乏的原因，大部分人都要付出極大代價才學到這一點，這種情緒就是「妒嫉」。舉例來說，你如果目睹競爭對手到銀行存入大筆現金，而你卻只有一點點錢可以存，這會讓你妒火中燒嗎？克服這種情緒的方法，就是對自己說：「這不是太棒了嗎！我為這個人的成功感到高興，我希望他愈來愈富有。」

妒嫉的想法是很具殺傷力的，因為它讓你處於負面立場，財富也就從你身邊流走。你如果曾經因為別人的大富大貴而生氣、惱怒的話，立即表示你真心祝福他在各方面都更富有吧！這可抵銷你心中的負面想法，並因為潛意識法則的作用，促使前所未有的巨大財富流向你。

消除通往財富的大障礙

你如果認為某人以不正當的手段賺大錢，並因此而批評他、把這件事放在心上，那麼，不要再掛心了。如果你的懷疑沒錯，你很清楚這種人不過是在扭曲地誤用心智法則，當時候到了，心智法則自然就會處置他。要留心不要去批判他，原因正如前述。記住：通往財富的障礙就在你心中。你現在就可以消除這層心理障礙，方法就是在內心與人和睦相處。

睡出財富來

晚上臨睡前，不妨遵循下列技巧：靜靜地、輕鬆地、帶著情感地重複「財富」這兩個字，一遍又一遍地誦唸，就像在唱催眠曲一樣，在「財富」這個字眼中進入夢鄉。結果會讓你大為驚喜，財富將會如潮水般湧入。

謹記在心

1 有了潛意識的必勝助力，你可以選擇輕鬆致富。

2 想透過汗水和苦幹累積財富的話，你就只能等下輩子。你並不需要賣命苦幹。

3 富有是一種潛意識信念，把富有的念頭加入你的心態中吧！

4 多數人的問題在於他們缺少一種無形的支援。

5 每天臨睡前緩緩地默唸「財富」這兩個字五分鐘，潛意識就會把財富帶入你的生命經驗中。

6 富有的感覺就會產生財富，要時時想著這一點。

7 意識和潛意識必須要一致。潛意識接受的是你真正感受為「真」的事物，主控的想法永遠會被潛意識接受下來。你的主控想法應該是富有而不是貧窮。

8 要克服對財富的心理衝突，你可以經常肯定地告訴自己：「我所關心的事情無時無刻不在蒸蒸日上。」

9 要讓生意興隆，你可以一遍遍地重複這個說法：「我的業績每天都在進步，我每天都在向前邁進、變得更加富有。」

10 不要再寫諸如「錢不夠用」或「又短缺了」這樣的空白支票，這種說法會讓你的損失擴大、甚至成倍增加。

11 在潛意識裡存入好運、富有、成功的念頭，潛意識會給你複利的回饋。

12 當你有意識地肯定了某件事物，就不能沒過多久又在心理上否定它，這會抵銷掉你才剛剛肯定的好事。

13 財富的真正來源是由你心中的念頭所組成，你的一個念頭可以值上億元。你要尋找的念頭，潛意識都會給你。

14 妒嫉和醋意是財富流通的絆腳石，真心為他人的成功而高興吧！

15 通往財富的障礙就在你自己心中，排除障礙的方法就是在內心與人和睦相處。

S 不要讓金錢成為你唯一的目標，追求你本該擁有的財富、快樂、平靜、愛與真實的表現，自身也散發愛和善意給其他人，那麼，潛意識就會在這些表現領域中給你複利的回饋。

第⑩章

你有權享有財富

意識和潛意識必須要一致。潛意識接受的是你真正感受為「真」的事物，主控的想法永遠會被潛意識接受下來。你的主控想法應該是富有而不是貧窮。

你有成為有錢人的基本權利，你活在世上，是要過富足、快樂、自由、洋溢著幸福的生活。因此，你應該擁有能讓你過充實、快樂、富足生活所需的金錢。

你來到這世上是要在精神、心靈和物質上都能夠成長、擴充、開展，你應該充分發展、表現自己所有的潛能，這是你不可剝奪的權利。而其中很重要的一個面向，就是如果你願意的話，你有能力讓自己生活在美麗、奢華的事物之中。

既然你可以享受潛意識所帶來的富足，為何要滿足於「剛好夠」呢？在這一章中，你將學會如何跟金錢做朋友，一旦做到了，你將永遠都有足夠的金錢，甚至比足夠還更多。不要讓任何人影響你，使你對想要有錢的欲望感到懷疑或羞愧，推到最深的層次，這就是想擁有更充實、更快樂、更美好生活的欲望，這是普世的渴望。這不只是很好，而是非常好。

金錢只是象徵符號

金錢是一種交換符號。對你而言，金錢不只象徵著想要什麼就有什麼的自由，也是美好、精緻、豐足、奢華生活的象徵，同時，金錢也是一個國家經濟健全與否的象徵。當血液自由地在你體內循環時，你是健康的；當金錢自由地在你的生活中流動時，你在經濟上就是健康的。當有人開始貯存金錢，將它放進錫罐子裡，變得充滿恐懼時，他們便在經濟上生了病。

作為一種象徵符號，金錢在人類歷史上曾以多種形貌出現，幾乎你想得到的任何事物，在歷史上某個時期、某個地方，都曾經被拿來當作金錢：金、銀就不用說了，鹽、珠子、各種小玩意兒也曾被當作金錢在流通。古人的財富通常由其所擁有的牛、羊數量來決定，現在我們使用鈔票或其他通行的工具，理由很明顯：寫一張支票總比四處帶著幾隻羊去付帳方便多了。

踏上通往財富的捷徑

一旦了解了潛意識的力量，通往各種財富——靈性的、精神的、財務的——的捷徑路線圖便在你的掌握之中了。任何曾經用心學習心智法則的人，都能夠確切相信、知道自己永遠不需外求，不論是經濟危機、股市震盪、不景氣、罷工、通膨，甚至戰爭，他都會有源源不絕的供應、不虞匱乏。

這是因為他已經將富足的念頭傳遞給潛意識，於是，不論他人在哪裡，潛意識都會讓他要什麼有什麼。他已經在心裡說服自己，金錢永遠會在他的生命中自由地流動，他也永遠會有多餘的錢可以運用。因為他這麼發出了命令，事情也就如此發生，就算明天金融體系崩盤，他所擁有的一切都變得一文不值了，他依舊會把財富吸引到身邊，他會自在地度過危機，甚至還可能從中獲利。

爲什麼你的錢沒有變多

讀到這一章時，你可能會這麼想：「我的收入應該要比現在更多才對。」在我看來，大多數人都應該如此，他們真的應該要更有錢——但是他們也真的不太可能如願。這些人無法更有錢的重要理由在於，他們或公開或暗地裡譴責金錢，提到金錢時，他們總會說那是「不義之財」，並告訴自己的小孩或朋友說「金錢是萬惡之首」。除此之外，還有另一個重要的理由是，他們在潛意識裡覺得貧窮是一種美德，這種潛意識模式可能來自兒時教養，也可能源自對於經典的謬誤詮釋。

金錢以及平衡的生活

有個人來找我說：「我破產了，不過沒關係，我不喜歡錢，錢是萬惡之首。」這種說法代表一個既困惑又分裂的心智的思維。金錢至上的思維會讓你偏向一邊或失去平衡，你要學習的是如何有智慧地運用你的力量和權利。有些人只知道渴求權力，有一些人則只知道渴求金錢。

你如果心中只想著錢，心裡說：「我只要錢，我只管積蓄金錢，其他一切都不重要。」你是能夠因此賺得金錢並擁有財富，但是代價多麼大啊！你忘了活在世上是要過平衡的生活，是要滿足對心靈平靜、和諧、愛、歡樂、健康的渴求。

賺錢若成為你的唯一目標，你就做了錯誤的選擇。你以為這就是你想要的，但是在努力賺錢之後，你終究會發現自己需要的不只有金錢。沒有人臨終時會後悔自己沒有多花點時間去賺錢！你也會希望能夠真實表現自己被埋沒的才華、找到自己真正的歸屬、擁有美好的事物，以及因貢獻自己造福人群而帶來的喜悅。當你了解了潛意識法則，只要你願意，你就可以擁有幾千萬、甚至幾億元，同時仍然擁有心靈的平靜與和諧、絕對的健康以及生命的完美表達。

貧窮是一種精神疾病

貧窮不是美德，貧窮就像精神疾病一樣，也是一種病。身體如果病了，你會意識到有哪裡不對勁，你會尋求協助，想辦法立即處置這種狀況。同樣地，如果你生活中總是不夠金錢週轉，你一定是在哪裡大有問題。

你內在的生命原則本來就有追求成長、開展、讓生命更加豐盛的渴望，你活著不是為了要住破屋、穿破衣、餓肚子，你應該要過得快樂、富足、成功。

爲什麼你不該批評金錢

將你心中那些怪異、膚淺的金錢信念通通清除乾淨。千萬不要認為金錢邪惡或骯髒，你如果這麼認為，就是將錢往外推，促使錢從你身邊飛走。

記住，你會失去你所譴責的東西，你不可能吸引到你所批判的事物。

對金錢的正確態度

這裡有一個簡單的技巧，可以用來讓你的金錢倍增。每天默想下面這個說法幾次：

我喜歡錢，我愛錢，我會有智慧地、建設性地、審慎地使用它。金錢時時在我生命中流轉，我帶著歡喜之心放掉它，它也會奇妙地加倍回流到我手上。金錢很好、非常之好。金錢大量地向我湧來。我只將金錢用在善的用途，我對自己的善以及心靈的富足常懷感恩之心。

科學思想家怎麼看待金錢

假設你在地上挖到一處滿是金、銀、銅、鐵的豐富礦脈，你會說這些東西是邪惡的嗎？當然不會！所有邪惡念頭都來自人類的陰暗誤解、無知、對生命的謬誤詮釋和對潛意識的誤用。

既然金錢只是個象徵符號，我們大可以用銅、錫或其他金屬來作為交易媒介。在二十世紀初，美國的十分錢和二十五分錢硬幣是由銀鑄成的，偶爾也含有和十分錢或二十五分錢等值的銀。後來，政府開始用比較便宜的金屬來鑄造錢幣，但是二十五分硬幣的價值仍舊是二十五分錢，儘管鑄造金屬本身的價值比二十五分錢低很多。

物理學家會告訴你，這種金屬和那種金屬之間的唯一差別，是原子內基本粒子的種類和數量有所不同。如果將一塊金屬的粒子流重新導向，你就可以將它變成另一種金屬。鍊金術士想從賤金屬鍛鍊出黃金這種貴重金屬的古老夢想，現在就在我們的彈指之間，但是又怎麼樣？黃金並沒有比銅更高尚或更邪惡，兩者只是擁有不同特性的不同物質，如此而已。大家對黃金的愛恨會甚於銅，不過是長久以來黃金被人類視為珍貴的事物罷了。

- 要克服對財富的心理衝突，你可以經常肯定地告訴自己：「我所關心的事情無時無刻不在蒸蒸日上。」
- 妒嫉和醋意是財富流通的絆腳石，真心為他人的成功而高興吧！
- 絕對不要用「骯髒錢」這個說法，或是說「我瞧不起金錢」，你批評什麼就會失去什麼。金錢無所謂好壞，你想好它就好、想壞它就壞。

如何吸引到你所需要的錢

多年前我在澳洲碰到一位年輕人，他告訴我，他的夢想就是成為一位醫生。他當時選修了相關的科學課程，成績也很出色，但是他完全付不起醫學院的學費。他父母雙亡，為了養活自己，他在當地的醫療大樓打掃醫生的診間賺取生活費。我對他說，埋在土中的種子會為自己吸引到健康成長所需要的全部物質；而他應該做的，就是向種子學習，在自己的潛意識中種下必要的想法。

這位年輕人每天晚上上床睡覺時，都會想像一張醫學院的畢業證書，上頭又大又粗的字體寫著他的名字。他發現要創造出一張清晰、細緻的畢業證書畫面並不困難，他的工作之一便是打掃掛在醫師診療室牆上的加框證書，把灰塵撢乾淨、鏡面擦光亮，他都會邊擦邊仔細看那些證書。

他每天晚上堅持不懈地進行這種視覺化技巧，持續了四個月之久。終於，他幫忙打掃診間的醫生之中，有一位問他有沒有興趣成為醫生助手。那位醫生先付錢讓他去上訓練課程，學習各種醫療技巧，然後聘用他當助手。那位醫生對年輕人的聰明和決心印象非常深刻，後來甚至贊助他上醫學院。今天，這位年輕人已經是加拿大蒙特婁地區的名醫了。

這位年輕人之所以會成功，是因為他學會了吸引力法則。他學會了如何以正確方式運用潛意識，這其中也用到一條古老的法則：「當你清楚地看到結果，你就統御了實現這個結果的手段。」上述案例的最終結果就是成為一名醫生，年輕人能夠真實地想像、看到、感受到成為一名醫生的感覺，他跟這個想法共同生活，他保持它、培養它、愛護它，最後，透過他視覺化的想像，這個想法層層滲透進他的潛意識，化作信念，信念接著為他吸引到完成夢想所需要的每一樣事物。

爲什麼有人老是無法加薪

假設你在一家大企業任職，你認為自己的薪水過低，你因為不得雇主欣賞而感到非常哀怨，心裡老是計較著你的薪水應該更高、你應該更加受到重視。

因為你在精神上將自己設定在與雇主對立的位置，你無形中也下意識地將自己與公司切割開來，這等於啟動了某種過程。於是，有一天，你的主管告訴你：「我們必須請你另謀高就。」其實，是你將自己給開除了，你的主管只是在扮演一個工具，確認你自己的負面心態罷了。這就是作用力／反作用力法則的明證，作用力就是你的思想，反作用力就是你潛意識的回應。

通往富裕之路的障礙

你不時會聽到有人說：「那些賺大錢的人一定幹過不少壞勾當。」會這麼說、這麼想的人，通常是在財務觀念上生病了。他或許是嫉妒老朋友一直比他成功，因而比他享有更多資源，果真是這樣的話，這種人就是在找自己的麻煩。對朋友的成就抱持負面思想、詛咒朋友的財富的人，會讓成功、財富從你身邊飛走。你會想和詛咒你的人在一起嗎？當然不會，財富自然也不會。這種人其實是在驅趕他自己所祈求的事物。

這種人的祈禱方式是兩面的，他一方面說：「我希望財富流向我。」但下一秒鐘他又說：「那傢伙的錢是骯髒、邪惡的東西。」這種矛盾正是指向貧窮、痛苦的路標。記住，要真誠地為他人的財富感到歡喜。

保護你的投資

你如果在尋求投資指引，或擔心你的股票、債券的漲跌，只要默默地宣稱：「大智大慧在管理、監督我所有的財務交易，我不論做什麼都會愈來愈好。」經常帶著十足的信心和信念這麼做，你就會得到指引，做出聰明的投資決定。再者，你將受到保護而免於投資失利，因為在任何損失形成之前，你就會獲得提示而賣出高風險的股票或證券。

你不可能不勞而獲

許多大型商店會僱用保全人員來防止購物者順手牽羊，保全人員每天都會抓到不少想要不勞而獲的人。做這種不當行為的人，其實是沉浸在一種匱乏、侷限的精神氛圍中，在偷他人之物的同時，他們也剝奪了自己的平靜、和諧、信念、誠信、善意、信心。

而且，這些人傳達給潛意識的訊息，也會讓他們招致各種損失：人格、聲望、社會地位都沒了，更失去心靈的平靜。這些人不了解自己的心智是如何運作的，他們對於供應的來源信心不足，其實只要他們在精神上召喚潛意識的力量，並宣稱自己已被導引到生命真實的表現上，他們就可以找到工作和獲得富足。然後，只要用誠實、誠信和堅忍，他們就可以為自己和社會增光。

讓源源不絕的金錢流向你

要通往自由、舒適和源源不絕的財富之路，你必須認知潛意識的力量、認知思想或內心意象的創造力。在你心中接受富足的生活，你在精神上對財富的接受、期望，自有其實現的運算方式和機制。一旦進入豐饒的心境，過富足生活所需要的事物就會在你生命中實現出來。

讓這段話成為你日常肯定的內容，將它寫進你的心中：

我的潛意識擁有無窮盡的財富。富有、快樂、成功是我的權利。金錢會自由地、充裕地、永不止息地流向我。我永遠都能夠察覺我的真實價值。我無拘無束地展現我的才華，我在財務上也受到奇妙的祝福。真是太棒了！

謹記在心

1 大膽宣稱你有權利享有財富，你的深層心智就會去實踐你的宣言。

2 你不想要錢夠用就好，你想要有足夠的金錢盡情去做你愛做的事。和你潛意識裡的財富好好建立關係吧。

3 當金錢在你的生命中自由流動時，你在經濟上就是健康的。把金錢視為潮水，你永遠不虞匱乏；潮起潮落不曾間斷，因此當潮水退去時，你可以完全肯定它會再漲回來。

4 了解了潛意識法則，你知道不管金錢以什麼形式出現，你都會有源源不絕的供應。

5 許多人省吃儉用也才剛好夠而非有閒錢的一個原因，就是他們會譴責金錢。你所譴責的東西會從你身邊飛走。

6 不要以為金錢萬能，金錢只是象徵符號。記住，真正的財富在你心中。你活著是要過平衡的生活——這包括獲得你需要的全部金錢。

7 不要讓金錢成為你的唯一目標，追求所有人都富有、快樂、平靜的境界，那麼，潛意識就會在這些表現領域中給你複利的回饋。

8 貧窮不是美德，那是一種心靈的疾病。你應該馬上根治這種心理衝突或心理疾病。

9 你活著不是為了要住破屋、穿破衣、餓肚子，而是為了要過更富裕的生活。

10 絕對不要用「骯髒錢」這個說法，或是說「我瞧不起金錢」，你批評什麼就會失去什麼。金錢無所謂好壞，你想好它就好、想壞它就壞。

11 經常默想：「我愛錢，我會有智慧地、建設性地、審慎地使用它。我帶著歡喜之心放掉它，它也會加倍回流到我手上。」

12 金錢不會比埋藏在地下的銅、鉛、錫、鐵等礦物更加邪惡，所有邪惡都是由不了解心智力量、誤用心智力量而起的。

13 在心中想像你所想要的結果的畫面，潛意識就會回應你，去實現你心中所勾勒的美景。

14 別再想要不勞而獲，天下沒有白吃的午餐，你必須付出才會得到。你如果把精神集中在你的目標、理想、事業之上，你的深層心智一定會支持你、幫助你。財富之鑰就在於把富裕的念頭灌輸給潛意識，讓潛意識法則去發揮作用。

S 不要以為金錢萬能，金錢只是象徵符號。記住，真正的財富在你心中。你活著是要過平衡的生活——這包括獲得你需要的全部金錢。

第11章

潛意識：你成功的好夥伴

成功的意義在於成功的生活，當你感到平靜、快樂、歡喜，並且在做你熱愛的事情，你就成功了。

成功的真實內在意義，就是能夠在生活這件事上做得很成功，在這方面長時間的平靜、歡喜、快樂，就可稱之為成功，如果是永久地體驗到上述這些特質，那就是耶穌口中的「永生」了。生命中的真實事物如平靜、和諧、誠信、安定、快樂，都是看不到摸不著的，但卻是來自人類的深層自我。只要去冥思這些特質，我們便可以在潛意識中建立起這些寶藏的天堂，這個天堂就是真正所謂的：

……那裡沒有蟲蛀鏽蝕，也沒有賊挖洞來偷。（《馬太福音》6:20）

通往成功的三個步驟

通往成功的第一個關鍵步驟，就在找出你喜歡做的事，然後放手去做。除非你熱愛你的工作，否則便算不上成功，就算全世界的人都稱頌你大大地成功也一樣。你如果熱愛你的工作，就會非常想去從事它。如果有一個人想成為精神科醫師，那麼他不會只滿足於拿到學位、將醫生證書掛在牆上；他會想要跟上這個領域的新知、時常參加研討會、持續研究心智及其運作，他會跟其他診所交流，熟讀最新的科學期刊。換句話說，他會努力掌握解除人類受苦的最先進方法，因為他將病患的利益擺在第一優先。

但是，如果讀到這裡，你發現自己這麼想：「我沒辦法跨出第一步，因為我不知道自己想做什麼。到底要怎樣找到一個我會熱愛的領域去努力呢？」

如果這正是你的處境，就如下祈求指引：

潛意識心智的大智大慧會向我揭露我生命中的真正歸屬。

對你的深層心智靜靜地、正向地、帶著感情地重複這個祈禱，只要帶著信念和信心堅持下去，答案就會以某種感覺、某種第六感或特定傾向浮現，它會清楚地、平靜地迎向你，就好像某種靜默的內在覺醒一樣。

通往成功的第二步就是專精於某個特定工作領域，努力在這個領域出人頭地。假設有個學生選擇以化學做為自己的專業，他就應該在這個領域的眾多分科之中選出一門分科，將自己所有的時間、注意力都灌注在這項專業上，他的熱情就應該會促使他想去了解這個領域的一切；如果可能的話，他也應該比這個領域的其他人都知道得更多。學成後，這個年輕人會熱切地投入工作，也會很想要以自己的專長服務世界。

「你們中間最大的，必作你們的僕人。」這種心態跟「混口飯吃」或「過得去」的態度之間，有著極大的差別。「過得去」並不是真正的成功，人的動機必須要更遠大、更高尚，更利他才行，這些動機必須能夠服務他人，才是為善不圖報。

第三個步驟也是最重要的一環：你必須確定你想要做的事並不只是為了你自己的成功而已。你的願望不能夠自私自利，而必須能造福人群，形成一個圓滿的循環；換句話說，你的想法必須朝向造福人類、服務世界的目標。如果只為自己的好處努力，你就無法完成這個不可或缺的循環，你可能看似成功，可是你所啟動的生命「短路」，時間一久便會導致生命的侷限或身體的病痛。

眞成功的衡量標準

讀到這裡，你可能會想：「那我在電視上看到的那個傢伙呢？那傢伙靠見不得人的股票交易成為億萬富翁，從來沒有人像他那麼成功過，可是我看他一點都不在乎什麼造福人群。」

這種例子太常見了，但是我們必須先深入了解這些人成功背後的真相。有些人可能一時看起來很成功，但是以不正當手段賺來的錢，終究會展翅飛走。就算錢沒有飛走，奪取他人之物者其實是在掠奪自己，讓這些人做出這種行為的那些匱乏、侷限情緒，會換個方式在他們的身體、家庭生活、人際關係中表現出來。

我們想什麼、感受什麼，便會創造出什麼。儘管有人以欺瞞的手段累積了巨富，但這不算成功，少了心靈的平靜，就沒有成功可言。一個人如果晚上睡不安穩、身體生了病，或良心不安，那麼就算累積了巨額財富，又有什麼好處呢？

我曾在倫敦碰過一名專業罪犯，他跟我說了他「豐功偉業」背後的真面目。他所累積的巨富讓他在倫敦郊區過著奢華的生活，此外還在法國有一棟避暑別墅。生活是奢華沒錯，但並不自在，他時時處於被警方逮捕的恐懼之中，身體多處失調，顯然是無時無刻的驚恐和深沉的良心不安所致。他知道自己做錯了，這種深刻的罪惡感把各式各樣的麻煩都吸引到他身邊。

後來，我聽說他向警方自首，入獄服刑。出獄之後，他主動尋求心理和心靈上的諮商治療，從此變了一個人：他找到工作，成為一個誠實、守法的公民；他也找到自己想做的事，過著幸福快樂的日子。

成功的人熱愛自己的工作，也能夠十足地表現自己。成功與否取決於理想的崇高，而不只是累積財富而已。成功人士就是對心理、靈性層次有深刻理解的人，今天的許多偉大企業領導人都是靠正確運用潛意識而獲得成就，他們培植自己「將未來計畫看作已完成願景」的能力，因為確實看到、感受到心中祈願的實現，他們的潛意識也就具體完成了他們的心願。你如果真心地想像一個目標，透過潛意識的神奇力量，你就會在意想不到的方式之下得到實現目標所需要的事物。

考量這三個成功步驟時，絕不可忘記潛意識創造力量所具有的潛能，這是所有成功步驟背後的能量。你的想法具有創造性，思想與感受融合，就會成為主觀的信仰或信念：

照你們的信心給你們成就吧。（《馬太福音》9:29）

一旦了解到自己內在擁有一股強大的力量，足以將願望通通實現出來，你就會既有信心又感到平靜。不論你從事的領域是什麼、想做的是什麼，你都應該學習潛意識法則，當你學會運用心智的力量，能夠充分展現自己、用你的才華為他人做出貢獻時，你就已經走上通往真成功的道路了。你如果是在做神的事業，或與此有關，神自然會支持你，那麼還有誰會來阻礙你？有了這層理解，你就知道不論天上地下，沒有任何力量能夠阻擋你成功了。

大明星的夢想

我曾在好萊塢碰到過一位演員，他的名氣大概所有電影愛好者和電視觀眾無人不知。他向我吐露說，他小時候在中西部的一座小農場長大，家境僅夠溫飽而已，他唯一的娛樂是一架勉強只收得到兩個頻道的黑白電視機。儘管如此，他還是夢想能夠成為一名演員，而且這個夢想占據他愈來愈多心思。

「我整天都在田裡工作，」他說：「或是把牛群趕回穀倉，可是我卻一直想像自己的名字放得大大地、出現在一家大戲院入口的蓬蓋上。我甚至看到每一個細節：周圍有大批粉絲，媒體記者搶著要訪問我。我一直在心裡想像這些畫面，持續了好幾年。

「後來，我終於離開故鄉，來到洛杉磯，在電影和電視節目中當臨時演員。不久之後，我得到第一個真正的角色，首映會那天晚上，我開車到戲院，簡直不敢相信自己的眼睛：只見燈光打出我的名字，還有那些粉絲、那些媒體記者，就像我小時候想像的那樣。所以，我比任何人都了解，持續的想像真的能帶來成功。」

她夢想的藥局成眞了

幾年前，我認識了一位名叫瑪麗的年輕藥劑師，她任職於一家大型連鎖藥局的處方調劑室。有一天，她在為我準備醫生處方的藥物時，我們聊了起來。我問她喜不喜歡自己的工作。

「還好啦，」她說：「薪水加上獎金，還過得去，公司也有很好的利潤分享制度。運氣好的話，我在還有精力享受人生的時候就可以退休了。」

我沉默了一下，然後又問她說：「你小時候決定要成為藥劑師的時候，就是這麼想的嗎？」

她的表情變得有點憂愁，回答說：「呃，不是，我想不是。我總是想像自己開了一家藥局，我希望走在街上，大家都會跟我打招呼，叫得出我的名字，我也都知道他們叫什麼名字，因為我是他們的藥劑師。你一定會覺得這樣想很奇怪，我甚至夢想有做父母的半夜打電話給我，因為孩子病了，我就會趕緊在睡衣外披一件外套，下樓到藥局裡去拿他們需要的藥。這和在一家大藥房櫃台後的朝九晚五工作差得遠了，不是嗎？」

「當然差很多，」我說：「你為什麼不去追求你的夢想呢？這樣你不是會更快樂、更有生產力嗎？眼光放遠一點，離開這個地方吧！去開你自己的店。」

「我哪有這個能力？」她邊搖頭邊說：「這需要大筆資金，我和先生賺的錢每個月都只夠花用而已！」

我便和她分享一個奇妙的事實：不論她想像的真實是什麼，她都能夠讓所想成真。我又和她分享潛意識的力量，她很快就明瞭只要能夠將清晰、具體的想法灌輸給潛意識，潛意識的力量就會讓想法成真。

她開始想像身處自己開的藥局裡，她在心中整理藥罐、配藥，想像等著同時又是朋友或鄰居的客戶上門取藥，她也想像有一大筆銀行存款的畫面。她心中在這家想像的藥局裡工作，就像一個稱職的演員，她活在這個角色中，所謂「演得像真的一樣，久了就會成真」。她全心全意投入這個角色之中，生活完全依據她已經有自己的店的假設而行動。

幾年後，瑪麗寫信告訴我那天我們在藥局談過話之後的後續發展。她原先工作的連鎖藥局因為敵不過附近購物中心內的一家大藥局，被迫關門，她在一家大藥廠找到區域代表的工作，手上負責好幾個州的業務。

有一天，她因為工作所需到她負責區域邊緣的一座小鎮拜訪客戶。整座小鎮就只有一家藥局，她從來沒有到過那裡，但是她一走進去就認出那個地方，那家藥局就跟她想像中清楚看到的畫面一模一樣。

她大驚之下告訴藥局的老闆這個驚人的巧合，年邁的老闆也向她透露，他正打算退休，但是又不願意將三代經營的老店隨便賣給大型連鎖藥局。

經過多次討論，老闆願意借錢給她買下這家店，她接手之後應該很快便可以靠著藥局的收入還清借款。於是，瑪麗舉家遷居小鎮，很快就存夠頭期款買下一間位於藥局附近的老房子。現在，她每天早上走路上班，路上遇到的人都會叫出她的名字、向她問好，他們都認識她，因為她就是他們的藥劑師。

- 要記住，感恩的心總是比較接近宇宙的財富。
- 要讓生意興隆，你可以一遍遍地重複這個想法：「我的業績每天都在進步，我每天都在向前邁進、變得更加富有。」
- 不要再寫諸如「錢不夠用」或「又短缺了」這樣的空白支票，

這種說法會讓你的損失擴大、甚至成倍增加。

運用潛意識增進業績

幾年前，我曾向一群企業高階主管演講有關潛意識和想像力的力量，我在演講中描述偉大的德國詩人歌德是怎麼明智地運用想像力來面對難關和困境的。

根據歌德的傳記，他習慣每天安靜地進行好幾個鐘頭的想像性對話，他會想像某位朋友坐在對面，正確地回答他所提出的問題。換句話說，只要他在擔心什麼問題，他就會想像朋友給他正確、合宜的答案，還配上朋友慣常的手勢和語調，讓整個想像的場景盡可能像真的一樣活靈活現。

出席當天演講的人之中有一位年輕的股市交易員，她聽過演講後實際採納歌德的技巧，開始想像自己和某位百萬富翁的對話，這位富翁是她的客戶，對方曾經稱讚她的投資推薦明智又可靠。她將這段想像性對話進一步戲劇化，直到深植自己心中，成為一種信念。

這位交易員的內心對話以及她所操控的想像內容，和她的目標是一致的，那就是為客戶的投資賺進可觀的報酬。她生命的主要目標就在幫客戶賺錢，看著他們在自己明智的建議下財務蒸蒸日上。她現在仍持續將潛意識的力量運用在業務上，她在自己的專業領域大放異彩，最近更出現在某家重要財經雜誌的專訪之中。

男孩轉失敗爲成功

十六歲的塔德告訴我：「我做什麼都失敗，不知道為什麼。我猜我就是笨，也許我還是在學校把我三振出局之前自己先退學好了。」

在進一步交談之後，我發現塔德唯一的問題就在他的態度，他對自己的課業漠不關心，對某些老師和同學更充滿了怨恨。

我於是教他如何運用潛意識來改進課業。他開始每天好幾次用肯定的想法去確認某些真理，特別是在晚上臨睡前以及早上剛醒過來的時候。正如我們討論過的，這是把想法灌輸給潛意識的最佳時機。

他的肯定想法如下：

我了解潛意識是一座記憶儲藏庫，記住了我從老師那裡聽到、讀到的所有知識。只要我想，我就會有完美的記憶力任我使用。我潛意識的大智大慧會不斷向我透露我所需要知道的全部考試內容，不論是筆試也好、口試也好。我將愛和善意散發出去給我全部的老師和同學，我真誠地祝福他們成功，擁有所有美好的事物。

塔德現在享受到過去不曾有的自由，他所有的科目都得了甲等，他也持續想像老師和父親都恭喜他在課業上的成功表現。

如何讓買賣成功

做任何買賣時，要記住你的意識是啟動器，潛意識則是馬達，你必須發動馬達，馬達才有辦法工作：你的意識可喚醒潛意識的力量。

要將你已經釐清的願望、想法、意象傳遞到深層心智，第一步就是放鬆，讓注意力停止轉動，安定下來，保持平靜。這種安靜、放鬆、平靜的心態，可防止外來事物或謬誤思想干擾到你的內心吸收你的夢想的過程；而且，在安靜、被動、接納的心態下，你所需要花費的力氣也會降到最低。

第二步是開始真實地想像自己想要的最終結果。譬如說，你可能想買房子，那麼在身心放鬆的狀態下，你可以肯定這樣的想法：

> 潛意識的大智大慧無所不知，它現在就向我揭示符合我所有要求、而我也負擔得起的理想新居。我現在將這個要求交出去給我的潛意識，我知道它會根據我的要求來回應。我帶著絕對的信念和信心將這個要求釋出，就如同農夫在土壤中播下一顆種子，心中信賴成長法則必定會讓種子長成他所想要的植物。

你的祈禱的回應可能會來自某位友人或報紙廣告，或者，你可能會直接被指引到某棟完全符合你的理想的房子那裡。你的祈禱得到回應的方式有許多種，你可以託付信心的首要認知就在，只要你信任深層心智的運作，你要的答案一定會出現。

假設你不是要買房子，而是要賣房子、土地或任何不動產，那麼，這種相信潛意識的大智大慧的方法，也會讓你獲得你所尋求的指引。我賣掉我在洛杉磯的房子時，就運用了一種技巧，許多和我談過話的房屋仲介現在都在用這種技巧，並得到快速、不凡的效果。

我在家門口的草坪上立起一面牌子，上面寫著「屋主自售」，當天晚上臨睡前，我問自己說：「假設你找到了買家，你下一步會怎麼做？」答案是：「我會拿下『屋主自售』的牌子，丟到垃圾桶裡。」

於是，我在內心的銀幕上投射出一個詳盡的場景：我握住「屋主自售」的牌子，把它從地上拉起來，扛在肩上，拿到屋後的垃圾桶丟棄，一邊丟一邊還說：「謝謝你的幫忙，我不再需要你了！」

就這樣，我帶著任務已經完成的那種來自內心深處的滿足感入睡。

第二天，馬上就有買主付了訂金，還說：「你可以把售屋牌子丟掉，不需要它了。」

我照他的話做，把牌子拔起，丟到垃圾桶裡。外在行動和我內在所想的相符一致，這一點都不是什麼新鮮事：「存乎中，形於外」。換句話說，刻印在你潛意識中的意象，會在你外在生活的客體銀幕上現形。外在是內在的真實寫照，外在行動總是遵照內在的舉止而行。

下面是另一個售屋、賣地或任何不動產的有效方法。緩慢地、平靜地、帶著感情地肯定這樣的想法：

大智大慧將為我吸引到這間房子的買主，這位買主需要這間房子，這間房子也會給他帶來好運。從不出錯的潛意識創造智慧會把這位買主送到我面前，他可能看過許多房子，但是我這間是他唯一想要的，而他也會在他內在大智大慧的指引下買下它。我知道就是這個買主了，時機、價格都對，有關這筆交易的所有事情也都對。我潛意識的深層暗流此刻正在運作，以神聖的秩序安排我們碰面。我知道結果就是這樣。

要記住，你在尋找的事物同時也在尋找你。不論你什麼時候要賣房子或任何不動產，也總有人正需要你所提供的物件。只要正確地使用潛意識的力量，你的內心就可以免於買賣中所涉及的各種競爭感和焦慮感。

她得到她想要的東西

有一位名叫瑪格麗特的年輕女孩固定會來參加我的演講和課程，從她住的地方必須轉三路公車才能到達演講地點，來聽一堂演講，光是單程就要花上一個半小時。在某一次的演說中，她聽到我描述一位年輕人工作上需要車子，而他如何如願以償的經過。

回到家後，她開始實驗我在演說中所提到的技巧，她後來寫信告訴我她如何運用我所教的方法，以及後來的結果，我徵得她的同意把來信公開於此：

親愛的墨菲博士：

我知道為了個人的成長，我非得有一輛車子不可，否則我就沒辦法繼續去上你的課。於是我決定，既然想要一輛車子，我就應該嘗試去獲得我一直夢想的凱迪拉克。在我的想像中，我經歷了實際買車、開車的每一道步驟。我看到自己走進汽車展示間，試乘我感興趣的車款。我一遍又一遍地宣稱那輛凱迪拉克就是我的車子。

我不斷在心裡想像坐進車裡、開著它、感受車子內部裝潢的心靈畫面，持續了兩個多星期之後，就在上個星期，我開著一部凱迪拉克去聽你的課——我住在印格塢的叔叔過世了，他把他的凱迪拉克和財產通通留給了我。

企業主管成功術

許多著名的企業主管每天都悄悄地把「成功」這個抽象名詞默想好幾遍，直到心中確信成功非己莫屬。他們知道成功這個念頭之中，就包含了成功的所有關鍵要素。同樣地，你也可以從現在開始對自己重複「成功」這兩個字，但是一定要帶著十足的信心和信念，你的潛意識會接受這正是你的真實，你就會在潛意識的強迫作用之下，想不成功都不行。

表現出你主觀的信念和印象是你不得不的本能，那麼，「成功」對你意味著什麼？你肯定會想要在家庭生活和人際關係上獲得成功，會希望在你選擇的工作或專業上表現傑出；你希望擁有美麗的家園，以及足夠的金錢讓你可以過舒適、幸福的生活，你想要在靈性生活上、在和潛意識力量的接觸上都能很成功。

你也是一位企業主管，因為你在從事「生活」這個事業。想像你在做自己一直渴望做的事、擁有自己一直渴望擁有的事物，這樣你就能夠成為一位成功的企業主管。發揮想像力，在心中真實地活在成功的狀態裡，讓這成為一種習慣，每天晚上帶著成功的感受以及全然的滿足感入睡，最終你就會將成功的概念植入潛意識裡。相信你生來就是要成功的，奇蹟就會隨著你的祈禱出現。

謹記在心

1 成功的意義在於成功的生活，當你感到平靜、快樂、歡喜，並且在做你熱愛的事情，你就成功了。

2 找出你喜歡做什麼，放手去做。你如果不知道自己的真實表現方式是什麼，那就尋求指引，指示就會出現。

3 專精於你的特定領域，並且要比這個領域的其他人都知道得更多。

4 成功的人不會自私，他們生命中的主要渴望就在服務人群。

5 心靈不平靜就不是真正的成功。

6 成功的人對心理、靈性層次都有深刻的理解。

7 你如果把一個目標想像得夠清楚，在潛意識的神奇作用力之下，你就會得到你所需要的一切。

8 思想和感受融合在一起，就會成為一個主觀的信念，而你相信什麼，什麼就會成真。

9 持續不斷的想像是有力量的，可以喚出潛意識的神奇作用力。

10 你如果想要升遷，那就想像你的雇主、你的主管、你所愛的人在恭喜你得到了升遷。盡可能讓那畫面真實而栩栩如生，聽到聲音、看到手勢，真實地感受那整個場面。頻繁地持續做下去，因為這個畫面常駐你心，你也會體驗到祈禱得到回應的喜悅。

11 潛意識是一座記憶儲藏庫。想要擁有完美的記憶力，你可以經常肯定地這麼想：「潛意識的大智大慧隨時隨地都會向我透露我所需要知道的一切。」

12 你如果想要賣房子或任何不動產，可以緩慢地、平靜地、帶著感情肯定這樣的想法：「潛意識的大智大慧將為我吸引到這間房子（或不動產）的買主，這位買主需要這間房子，這間房子也會給他帶來好運。」持續這種覺察，潛意識的深層暗流就會把它實現出來。

13 成功這個念頭之中就包含了成功的所有要素，經常帶著十足的信心和信念對自己重複「成功」這兩個字，你就會在潛意識的強迫作用之下，想不成功都不行。

許多人省吃儉用也才剛好夠而非有閒錢的一個原因，就是他們會譴責金錢。你所譴責的東西會從你身邊飛走。

第12章

科學家與他們的潛意識

不斷以科學方法來實驗，
直到你親身驗證潛意識的大智大慧永遠會直接回應你在意識層面的思考。

歷史上許多最具有創造力的科學家，都覺察到潛意識心智的真正重要性。愛迪生、愛因斯坦、發明無線電報的馬可尼，以及許許多多其他的科學家，都曾運用潛意識獲得為他們帶來偉大成就的洞見和「竅門」。這種將潛意識的力量轉換成行動的能力，是偉大的科學家和研究者之所以成功的最重要因素之一。

這類案例中最令人驚嘆的，當屬著名化學家凱庫勒的經驗。他長久以來都苦惱於無法解開「苯」這個碳氫化合物的化學結構，這個化合物含有六個碳原子和六個氫原子，凱庫勒一直被這個未解的難題困擾，他的努力似乎都一無所獲。

由於始終解不開這個謎，又疲又累的凱庫勒最後將問題完全交託給潛意識。沒多久，在他正要搭上一輛倫敦巴士時，他的潛意識突然給了意識一閃靈光，凱庫勒在心中看到一幅畫面，一條蛇咬著自己的尾巴，像輪轉焰火一樣不停轉圈。來自潛意識的這個訊息啟發了凱庫勒，他從不同方向切入研究，不久便找到尋覓已久的答案，也就是後來稱為苯環的環狀原子排列。

讓心中發明成眞的科學家

特斯拉（Nikola Tesla）是電磁學的優秀先驅，在科學博物館中總是最受兒童歡迎的特斯拉線圈，只是他的眾多發明之一；那是一個充電的金屬球體，上面的靜電會使觸碰它的人頭髮豎立起來。特斯拉也曾針對無線電廣播能量的概念進行實驗，他在這方面所提出的看法，直到現在仍可說極具創見。

特斯拉也是潛意識力量的信徒，只要一有新發明或新研究方向的點子，他都會先在想像中把結果建立起來，然後交託給自己的潛意識。他知道潛意識會將製造新發明所需的具體物件重新建構起來，再顯露給他的意識。他會靜靜地沉思每個可能改善的地方，因此他不用浪費時間在改進錯誤之上，他交給合作技術人員的設計，都是自己心中完美的終極產品。

有一次接受訪問時，特斯拉便說：「我發明的儀器總是如我心中所想像的那樣運作，二十年來從來沒有例外。」

在睡夢中解決難題的自然學家

哈佛大學的阿加西（Louis Agassiz）教授是十九世紀最著名的美國自然學家，他在睡夢中發現了潛意識的偉大力量。下面這個案例出自阿加西的遺孀為他所撰寫的傳記：

兩個星期了，他一直努力要辨識保存在石板上那模糊不清的魚化石印痕，最後，在又疲倦又困惑的情形下，他將工作放一邊，盡量不去想它。沒多久，他就從睡夢中醒來，很肯定剛剛在夢中看見了他一直記掛的那條魚，而且原本不見的部分全都完好如初。但是，當他想要緊緊抓住那意象時，它卻溜走了。第二天一早醒來，他還是前往巴黎植物園，心想只要再看到石板上的印痕，他應該就可以看出些什麼，進而喚起他夢中的景象。結果還是徒勞無功，那模糊不清的化石印痕還是一樣暗淡。第二天晚上，他又看到了那條魚，但是仍舊沒有令人滿意的結果，當他醒過來時，魚又像前一晚一樣從他記憶裡消失無蹤。第三天晚上，他寄望同樣的事情可能會再發生，先在枕畔準備好了紙和筆，才上床睡覺。

到了凌晨時分，那條魚照樣出現在他夢中，一開始還很模糊，但到最後清晰無比，他對那條魚的特徵不再有任何懷疑，於是在漆黑中，在半夢半醒中，他拿起床邊的紙筆畫下那條魚的特徵。隔天早上醒來，他很訝異地在昨晚的素描中看到他認為化石本身不可能顯露出來的特點。他趕到巴黎植物園，參照著自己的素描，把石頭表面一些地方鑿掉，下面果然隱藏了部分的魚化石印痕。魚整個顯露出來，而且跟他夢中看到和畫下來的相符，他很容易便給那條魚做好了分類。

發現糖尿病解藥的醫生

一九二〇年代時，優秀的加拿大醫生兼研究者班廷（Frederick Banting）不斷致力於糖尿病的研究，當時的醫學還沒有有效的對策來制止這個疾病。班廷醫生花了很多時間實驗、研究國際上相關的文獻，但是他所探索的每一條路徑似乎都成了死胡同。

一天晚上，在經過又一天長時間的工作而依舊徒勞無功之後，他累極睡著了。在睡夢中，他的潛意識指示他從狗的退化胰管中萃取殘留物。這個靈感讓他發現了胰島素，造福了無數的糖尿病患者。

你會注意到，班廷醫生已經有意識地思考這個問題一段時間了，他不斷地找出路、找解決方案，他的潛意識於是據此作出了回應。

你並不一定會在一夜之間就得到答案，答案可能過了好一陣子都沒出現，不要就因此洩氣，持續每天晚上臨睡前將問題交出去給潛意識，就好像你是第一次這麼做一樣。

如果一直得不到答案，那可能是因為你在想，你交給潛意識的是得花上好一段時間才有辦法解決的重大問題。這一點都不奇怪，我們往往會覺得自己的問題很難處理，如果不難處理，就不會是問題了。然而，這是個嚴重的錯誤，潛意識是不受時空限制的。臨睡前讓自己相信現在就會得到答案，不要預設立場，認為答案是必須經過等待才會出現的，對於最終結果要保持信心。就在你讀這本書的此刻，確信你一定會找到答案和完美的解決方式。

感受「預見願望必能達成」的喜悅和自在。你心中的畫面全都是你渴望的實體事物，也是還未現形事物的證據。

科學家深入思考古代卷軸、廟堂、化石等事物的始末，便能夠重建當年的場景，讓這些遺跡在今天活了起來。是潛意識助了他們一臂之力。

當你感到混亂、困惑、恐懼，不知該如何決定時，記得你的內在會有指引，會在各方面領導你、為你指出方向，並向你透露完美的計畫，讓你知道該往哪裡走。

逃出集中營的工程師

布倫—施密特（Lothar von Blenk-Schmidt）博士是傑出的電子工程師，二次大戰期間，他被關在蘇俄的集中營。他將自己能夠存活下來、最後從集中營逃出生天一事，歸功於潛意識的力量。

我是被關在俄國一處煤礦的戰俘，在那裡，我看著身邊的人一個個死去。我們被殘酷的警衛、傲慢的軍官以及機警的人民委員監視著。經過簡略的身體檢查之後，每個人被分配到自己的煤礦配額，我的工作配額是每天三百英磅。只要有人沒能達到自己的配額，他那份已經夠少的食物配給就會再被減少，沒多久他就會在公墓裡安息了。

我開始把精神都集中在逃跑這件事上，我知道我的潛意識一定可以想出辦法來。我在德國的家已遭摧毀，我的家人都死光了；我所有的朋友和以前的同事，不是戰死就是被抓到集中營去。

我對我的潛意識說：「我要去洛杉磯，你要找出辦法來。」我曾看過洛杉磯的照片，我清楚記得其中的一些大道和建築物。

我從早到晚想像自己走在威爾夏大道上，身邊是我戰前在柏林認識的一個美國女孩（現在是我太太）。在我的想像中，我們去逛街、坐巴士、上餐館，每天晚上我一定都會開著我想像的美國汽車在洛杉磯的大道上晃來晃去，我讓這些意象好像真的一樣栩栩如生，這些心中的畫面在我看來，就像集中營外頭的那些樹一樣真實而自然。

每天早晨，我們都要列隊而出讓警衛長清點人數，他會喊：「一、二、三……」當他喊到我的號碼十七時，我便要往前踏出一步。正在此時，警衛長因事被叫開了一會兒，等他回來重新叫號時，卻誤將我後面那個人叫成十七號，所以到了晚上隊伍回營時，人數仍然一樣，我並沒有「不見」，而要發現我已逃跑得經過相當長一段時間。

我走出集中營，並沒有被人發現，我不停走了二十四小時，第二天才在一個荒廢的小鎮休息。我靠著捕魚和打獵充飢，後來看到開往波蘭的煤礦火車，就趁夜裡溜上車，最後抵達波蘭，並在朋友的協助下，又轉往瑞士的盧森。

某天傍晚，在盧森的皇宮飯店，我跟一對來自美國的夫妻相談甚歡，那位先生邀請我到他們家中作客，他們就住在加州的聖摩尼加，我欣然接受。當我抵達洛杉磯時，他們的司機開車載我駛過威爾夏大道，還有其他一些大道，都是在蘇俄煤礦集中營那漫長的幾個月中清晰異常地出現在我想像中的片段。我也認出了我經常在腦海中看到的那些建築物，我好像真的到過洛杉磯似的。我的目的達成了。

我永遠無法停止對潛意識的神奇力量發出讚嘆，真的，它有我們所不知道的辦法。

考古學家和古生物學家如何重建古代場景

你的潛意識記得發生在人類歷史上的所有事情。考古學家研究古代廢墟和古文明遺留下來的無數手工藝品，他們能夠將想像力的感知神奇地運用在工作上，他們的潛意識可以幫助他們重建古代場景，讓已逝的過去又活了過來。光是看著這些古代建築物的碎片，或研究早期文明的陶器、雕像、工具、家用器具，這些科學家就能透過宇宙共通心智的共通資料庫，得知這些物品是何時、如何、為何被創造出來的。

科學家高度的專注力以及受過訓練的想像力，喚醒了潛意識的隱藏力量，讓他有能力為古建築蓋上屋頂，還讓建築物四周環繞著花園、水池和噴泉；化石殘骸也因此裝上了眼睛、腱和肌肉，又能走路和說話了。已逝的過去成了活生生的現在，而我們發現心智是沒有所謂時間或空間的。藉由經過訓練、控制和指引的想像，你也能夠成為史上最有科學頭腦、靈感最多的思想家的好夥伴。

如何接收潛意識的指引

當你必須去做一個你覺得很困難的決定，或當你找不到問題的出路時，立即開始建設性地去思考這件事。你如果感到害怕或擔憂，你就不是真的在思考。真正的思考是不會有恐懼的。

不論碰到什麼問題，你都可以用下面這個簡單的技巧來接收潛意識的指引：

- 讓身、心靜止下來。告訴身體放鬆，身體必須遵從你的意思，它沒有意志、主動性或自我意識。你的身體只是記錄你的信念和印象的情緒光碟；
- 動員你的注意力，將念頭集中到問題的解決上；
- 嘗試用你的意識心智來解決它；
- 想像當問題圓滿解決之後你會有多高興，去感覺如果你現在就知道這個圓滿解答，你會有怎樣的感受；
- 用輕鬆的心情來反覆咀嚼這種快樂、滿足的情緒，帶著這種感覺入睡；

．如果你醒過來時仍然沒有答案，就去忙其他的事吧。當你專注於其他不相干的事情時，答案很可能就會從你腦海裡冒出來。

要接收來自潛意識的指引，方法愈簡單愈好，以下是一個實際案例。我曾掉過一隻極具價值的戒指，那是我的傳家寶，我到處找遍了還是找不到，對這個損失我感到又憂慮又沮喪。

當天晚上我和潛意識對話，就像我在和任何人交談一樣，就在臨睡前，我對它這麼說：「你什麼都知道，你一定知道戒指在哪裡，現在就透露給我知道吧。」

天亮時，我突然醒了過來，耳邊迴響著：「問問羅伯特！」

這讓我感到很不解，我唯一能馬上想到的羅伯特，就是隔壁鄰居的九歲兒子，他怎麼會知道戒指在哪裡？然而，我還是遵從了直覺的內在聲音。

我在隔壁院子裡找到羅伯特，就向他形容戒指的樣貌。我問他：「你有看過嗎？不會吧！」

「噢，有啊！」他回答說：「我昨天玩捉迷藏時，在樹叢裡發現的。我不知道是誰的，就先拿回家放在書桌上，打算立一個失物招領的牌子，可是後來卻忘了。」

只要你相信，潛意識總是會給你答案的。

失落的遺囑

雨果是來聽我在洛杉磯的演講的一位年輕人，他和我分享了他運用潛意識力量的心得。他的父親突然去世，也沒有留下遺囑，不過他妹妹告訴他，父親生前曾經有一次提到自己寫過遺囑，並表示自己已經盡可能地對每個人都公平。

雨果很清楚，如果父親被裁定為「無遺囑死亡者」，留下的財產就會按照州政府所制定的規則來劃分，這大概不會是父親想要的結果；而且，光是法律費用就會耗掉一大部分財產。他和妹妹到處都找遍了，仍舊找不到遺囑在哪裡，兩人開始納悶遺囑到底存不存在。

然後，雨果想到自己學過的運用潛意識這回事，於是，臨睡前，他和自己的深層心智對話，他說：「我現在將要求交託出去給潛意識，潛意識知道我父親的遺囑在哪裡，並且會透露給我知道。」接下來，他又將自己的要求濃縮成「答案」兩個字，他一再地重複這兩個字，就像在唱搖籃曲一樣。入睡的時候，他心中仍不斷地迴響著「答案」兩個字。

第二天早上醒來，他覺得有一股強烈的衝動，想要去洛杉磯市中心的一家銀行。他感到很納悶，他聽過爸爸提到這家銀行嗎？他曾在爸爸的信件中看到來自那家銀行的信函嗎？他並不清楚，但是他知道自己必須親自去驗證這個第六感。他當天早上便去到那家銀行，一位銀行職員確認說，銀行保險庫中確實有個在他父親名下的保險箱。當保險箱打開時，只見裡面就是那張失落的遺囑。

當你入睡的時候，你的思想會喚起內在強大的潛力。假設你正猶豫不決，不知道自己該不該賣房子、該不該買一支股票、該不該跟人拆夥、該搬到紐約還是留在洛杉磯、該終止目前的合約還是簽訂新的合約，你可以這麼做：靜靜地坐在沙發上或是辦公桌前，記住作用力和反作用力這個宇宙共通的法則，作用力就是你的思想，反作用力就是你潛意識的回應。潛意識心智是反應性、反射性的，那就是它的本質，它會回彈、回報、回饋，它遵從呼應法則，當你思索正確的行動，你自然會經驗到來自內在的反作用力或回應，那正代表著潛意識的指引或答案。

在尋求指引時，只要靜靜地想著正確的行動即可，這意味著你正在利用潛意識內的大智大慧，直到它反過來開始利用你。從那時候起，你的行動方針會受到你內在主體智慧的指引、控制，這個主體智慧無所不知、無所不在，因此，你的決定絕不會出錯，你不論怎麼做都會是正確的行動，因為你會處於「做對事情」的主觀強迫作用之下。我用強迫作用這個字眼，因為潛意識法則就是一種不可抗拒的強迫作用。

指引的祕密

找到指引或正確行動的祕密，就是在心中專注於正確的答案，直到你感覺到回應為止。所謂的回應是一種感受、一種內在的察覺、一種擋不住的預感，你會很清楚自己已了然於心。你對這個力量的利用已經到了它開始反過來利用你的地步，在這種內在主觀智慧的運作下，你絕不可能失敗或踏錯一步。你會發現你怎麼做都是愉悅，怎麼走都是平靜。

謹記在心

1 要記住，所有偉大科學家的成功和非凡成就，都是拜潛意識之賜。

2 當你有意識地把注意力全部投注在解決某個令人困擾的問題上，潛意識就會彙集所有必要的資訊，全數呈現給意識心智。

3 你如果想知道一個問題的答案，可以嘗試以客觀方式來解答它。透過研究和其他人那裡盡量蒐集各種資訊，如果仍舊沒有答案，就在臨睡前把問題交出去給潛意識，那麼答案必將出現，從來沒有例外。

4 你不會每次都一夜之間就有答案，持續把你的請求交出去給潛意識，終有一天，你會雨過天晴、陰霾不再。

5 你如果老是想著要過很久才會有答案，或覺得這是個很嚴重的問題，你就是在拖延答案的出現。潛意識不會有問題，它只知道答案。

6 要相信你現在就有答案，去感受知道答案的喜悅，想像當你得到圓滿解答時的感受，潛意識一定會回應你的感受。

7 你心中所想的畫面，只要能全心相信、持之以恆，就會在潛意識的神奇作用力之下得到實現。信任它，相信它的力量，當你祈禱時，奇妙的事情就會發生。

8 你的潛意識是一座記憶儲藏庫，記錄了你自幼以來的所有人生經驗。

9 科學家深入思考古代卷軸、廟堂、化石等事物的始末，便能夠重建過去的場景，讓這些遺跡在今天活了過來，是潛意識助了他們一臂之力。

10 臨睡前把你想要解決某個問題的請求交給潛意識，信任它、相信它，答案就會出現。潛意識什麼都知道、什麼都看得一清二楚，但是你絕不能懷疑、質疑它的力量。

11 作用力就是你的思想，反作用力就是你的潛意識的回應。如果你的思想是有智慧的，你的行動和決定也會是有智慧的。

12 指引出現時是一種感受、一種內在的覺察、一種擋不住的預感，你會很清楚自己已了然於心；那是一種內在的觸動，帶著單純的信念跟著它就是了。

S

潛意識會以你無法預知的方式來回應你，

你可能被指引到某家書店，拿起一本書，你要的答案就在裡面；

你也可能無意中聽到一段對話，解開了心中的疑問。

你要的答案會以無數種無法預期的方式出現。

第13章

潛意識與睡眠的奧妙

你的潛意識永不休息，它總是在工作，
它掌管你所有的維生功能。

一天二十四小時中，你會花大約八小時睡覺，占了整個人生的三分之一，這是無法改變的生命法則。睡眠是神聖的法則，許多問題的答案都會在我們沉沉入睡時浮現出來。

有許多人倡議這樣的理論：你白天活動累了，晚上睡覺可讓身體得到休息，身體的修復過程也在進行。這真是一種嚴重的誤解。睡眠中，身體並沒有在休息，你的心臟、肺臟，以及所有維生器官，都在睡眠中正常運作。你如果睡前吃了東西，食物會被消化、吸收；你的皮膚繼續分泌汗水，你的指甲和頭髮也繼續長長。

同樣地，你的潛意識也從來不休息或睡覺，它一直在活動，控制著你所有的維生功能。你睡覺的時候，身體的療癒過程發生得更快速，因為這時沒有來自意識的干擾。許多不同凡響的答案都是在你入睡時出現的。

爲什麼我們要睡覺

畢格羅（John Bigelow）醫生是最早研究睡眠的科學家之一，他證明了人在晚上睡覺時，仍會透過連接眼、耳、鼻的感官神經以及皮下神經，持續接收各種印象。大腦的神經網絡也同樣相當活躍。

畢格羅博士的研究結論和本書所要提供的訊息，有非常密切的關係。他說，我們睡覺的主要原因，是為了讓「靈魂較崇高的部分透過抽象概念，與我們的高層次本質結合，藉此參與了神的智慧和預知能力。」

祈禱和冥想都是睡眠的形式

整個白天裡，你的意識都牽扯在衝突、鬥爭和惱人事物之中，它需要定期從感官證據和客觀世界中退出休息，以便在靜默中與潛意識的內在智慧進行交流。這時只要在生活的各個層面要求指引、力量以及更高智慧，你就能克服種種困難，解決生活中的各種問題。

這種定期從感官證據以及日常生活的吵雜混亂中抽身的做法，也是一種形式的睡眠。也就是說，感官世界中的你入睡了，而潛意識的智慧和力量則活躍了起來。

睡眠不足的驚人效應

缺乏睡眠會讓你變得易怒、憂鬱、情緒低落。所有人都需要最起碼六個小時的睡眠才能維持健康，大多數人需要更長的時間，那些認為自己不需要睡這麼久的人根本是在欺騙自己。

探究睡眠過程和睡眠不足的醫療研究人員指出，在某些案例中，嚴重的失眠就是精神崩潰的前奏。

要記住，睡覺是給心靈充電的時間，睡眠充足是愉快、朝氣蓬勃的生活不可或缺的要素。

你需要睡更多

有一個方法可以找出為什麼我們需要睡眠，那就是看看睡眠不足的後果。一九六四年時，一個十七歲男孩迦納立意要在《金氏世界紀錄》中贏得一席之地，他讓自己不睡覺長達兩百六十四小時——連續十一天！後續的檢查顯示，他並沒有因此出現永久性傷害，但是，在他不睡覺的那段時間內，他的思維能力卻逐漸退化，說話變得含糊不清，記憶也出現失誤；在最後的幾個鐘頭裡，他甚至開始出現幻覺。

多數長期睡眠不足的人，並不會發展成這種極端。但是，他們也可能要承擔嚴重的後果。根據美國國家高速公路交通安全局的統計，每年有高達二十萬件的交通事故和睡眠問題有關，每五個駕駛人當中就有一人至少偶爾會在開車時打瞌睡，因此，駕駛人在夜間出車禍的機會是白天的五到十倍。

針對自願受試者所做的實驗顯示，疲倦的大腦極度渴望睡眠時，會不計任何代價好好睡上一覺。而睡眠不足僅數小時之後，受試者便開始出現短暫的打盹，又稱為「注意錯漏」（lapses）或「微睡眠」（microsleep），一個小時內會有三至四次；「微睡眠」出現時正如「真正」的睡眠，當事人的眼瞼會闔上，腦波也慢了下來。

一開始，每一次的「注意錯漏」只有幾分之一秒，但是，隨著睡覺不足的時間累積得愈長，「注意錯漏」便出現得愈頻繁，時間也愈久，有時會長達二、三秒。這時，就算當事人在雷雨交加中開飛機，仍會無法抗拒微睡眠的誘惑，就算犧牲那無價的幾秒鐘也在所不惜。

睡眠的諮商功能

珊卓拉是住在洛杉磯的年輕女性，她經常收聽我在電台的談話性節目，她告訴我她有機會到紐約市工作，薪酬是目前的兩倍。她不知道是否該接受這個新工作，於是，晚上臨睡前，她這麼祈禱：

我的潛意識創造性智慧知道什麼對我最好，它總是以生命為優先，它會向我透露正確的決定，這個決定會帶給我和身邊的人福祉。我感謝即將賜給我的答案。

她每天晚上一再重複這個祈禱，像在唱搖籃曲一樣，一邊唱一邊緩緩入睡。早晨醒來時，她覺得自己不應該接受新工作，而且這個感覺持續不退。因此，她拒絕了新工作，後來發生的事也證實了她內在的感知能力，因為在拒絕新工作幾個月後，那家公司就破產了。

對於客觀的已知事實，意識可能有辦法做出正確判斷。但是，覺察到新公司有問題，並依此促使珊卓拉做出正確決定的，卻是屬於潛意識的直觀機能。

逃過一劫

潛意識的智慧能夠指導你、保護你，只要你在臨睡前向它祈求正確的行動。

許多年前，我有機會應聘去遠東，薪水非常優渥。當時，我這麼祈求指引和正確的決定：

> 我內在的大智大慧無所不知，正確的決定會按照神聖的秩序向我顯露，當答案出現時，我也能夠辨識得出來。

我在睡前一而再、再而三，像在唱催眠曲似地重複這段簡潔的祈禱。當天晚上，我做了一個夢，夢中有一位老朋友出現在我面前，手中拿著一張報紙給我看，說道：「看看這些標題！別去了！」報紙的頭條標題盡是些鼓吹暴力、動亂和戰爭的報導——沒多久後，這些都發生在我本來要前往應聘的區域。

你的潛意識無所不知，它知道所有的事情，而且它經常會透過你的意識不會排斥的聲音對你說話。我剛剛所說的夢境無疑讓我免於重大危險的處境，我的潛意識以一位我信任、尊敬的朋友的外貌，將它對我的警告投射了出來。

在某些人的情況中，警訊則可能以夢見母親的形式出現，母親會告訴做夢者不要到某個地方，以及為什麼去不得。有時候，潛意識會在你清醒的時候提出警告，你會以為自己聽到母親或摯愛親人的聲音，你停下來，轉過身去尋找聲音的來源，然後你會發現，你如果繼續往前走的話，可能早已被從高處掉落的物體打傷了頭。

臨睡前交給你的潛意識一個重任，要求它為你的任何問題找到答案，潛意識一定會回應你的。

你的潛意識是一座記憶儲藏庫，記錄了你自幼以來的所有人生經驗。

你的未來在潛意識之中

要記住，你的未來是你慣性思考的結果，所以，你的未來現在就已經在你心中了，除非你透過祈禱來改變它。同樣地，一個國家的未來就在該國人民的集體潛意識之中。我在夢中看到的報紙頭條標題，後來都應驗了，這沒什麼好奇怪的，那些事件早就出現在後來促成事件發生的肇事者心中了，這些人的所有計畫，早就刻在那巨大的記錄儀器——宇宙共通心智的集體潛意識之中了。明天會發生的事情，現在就已在你的潛意識當中，下個星期、下個月的事情也是如此，超自然能力很強或極具洞察力的人，就有可能感知得到。

另一方面，沒有什麼事情是早已注定的，你的心態——你怎麼思考、怎麼感受、怎麼相信——決定了你的命運，因此你可以透過祈禱技術，來模造、形塑、創造自己的未來。「人種的是什麼，收的也是什麼。」

一個瞌睡淨賺五十萬

多年前，我的一位學生寄來一張剪報，上頭報導了一位名叫漢莫斯壯的匹茲堡鋼鐵廠軋鋼工人的故事。那家工廠新近裝了一台機器，作用是將剛煉好的鋼鐵棒運送到所謂的冷床，儘管裝設人員盡了最大努力，新機器還是無法順利運作；工程師也測試了好幾天，仍然一點辦法都沒有。

漢莫斯壯不斷思考機器的問題，努力找出可能行得通的新設計，但是一點靈感都沒有。一天下午，他躺下來打個盹，入睡前腦袋中還在想機器的開關問題，睡著後，他夢見改善有缺陷開關的完美設計，醒來時便根據夢中的輪廓畫下了草圖。

結果，這個夢幻的瞌睡為漢莫斯壯贏得一張一萬五千美金（約五十萬台幣）的支票，這也是那家工廠頒給員工的最高額創意獎金。

在睡夢中解決問題的教授

赫爾布雷希特（H. V. Helprecht）教授是賓州大學著名的亞述文化學者，在他的回憶錄中，他追述了一次超凡的經驗：

一個星期六的傍晚，在花了整天時間解讀兩塊瑪瑙小碎片卻徒勞無功後，我感到筋疲力竭，這兩塊瑪瑙應該是出自巴比倫人的戒指。

大約到了半夜，我已經身心俱疲，只得上床睡覺，卻做了個非凡的夢：一位高高瘦瘦、年約四十的尼普爾（Nippur）神職人員，帶我到寺廟裡的一個寶庫……那是一間沒有窗戶、天花板很低的小房間，地上散放著瑪瑙和青金石碎片。這時，他這麼對我說：「你分別發表在第二十二頁和第二十六頁的那兩塊碎片，其實是在一起的，而且不是戒指。前兩個環圈是神像的耳環，〔你已經有的〕那兩塊碎片，則是耳環的一部分。你如果將它們放在一起，就能夠證實我的話了。」……我立即醒了過來……我檢視那些碎片……震驚地發現夢境內容得到驗證，於是問題終於迎刃而解。

這個夢境清楚說明了潛意識創造力的實現，潛意識知道所有問題的答案。

史蒂文生的潛意識創作法

在《橫渡平原》（*Across the Plains*）一書中，作者史蒂文生花了一整章的篇幅在夢這個主題上。史蒂文生所做的每一個夢都栩栩如生。長久以來，他習慣在晚上臨睡前給潛意識具體的指示，他會要求潛意識在他熟睡時，為他發展故事的情節。譬如說，如果銀行存款少了，他會這麼命令潛意識：「給我一個好的驚悚小說題材，要又暢銷又可以賺大錢。」他的潛意識也總能大手筆地回應他。

史蒂文生這麼寫道：

> 這些小精靈（潛意識的智慧和力量）會一段接一段地告訴我整篇故事，就像連載小說一樣，讓我這個本應是故事創作者的人，對於故事的方向完全無法掌握。我在醒著（意識清楚）時寫下的故事，也不必然是我的創作，因為一切的發展都顯示，就算在我清醒的時候，那些小精靈也會插手其中。

平靜入睡，歡喜醒來

如果你飽受失眠之苦，下面的祈禱會很有用。臨睡前緩慢、平靜、帶著感情地重複：

我的腳趾很放鬆，我的腳踝很放鬆，我的腹肌很放鬆，我的心、肺都很放鬆，我的手和手臂很放鬆，我的脖子很放鬆，我的大腦很放鬆，我的臉很放鬆，我的眼睛很放鬆，我整個身心都很放鬆。

我完完全全、毫無保留地原諒了每一個人，我真誠地祝福他們獲得和諧、健康、平靜以及生命中所有的福祉。我很自在、很安詳、很平靜，我感到安定而祥和。我領悟到自己內在的「神性臨在」(Divine Presence）時，一股極大的安靜也占滿了我，一股極大的平和讓我的整個存在鎮定了下來。我知道對於生命和愛的領悟療癒了我。

我將自己包裹在愛之中，帶著對所有人滿滿的善意入睡。整個夜晚我都保有平靜，早晨醒來時，我將充滿生氣和愛。我的身邊環繞著一個愛的圈圈，我不怕遭受傷害，因為祢與我同在。我睡得平靜，在歡喜中醒來，在祂之中，我生活、行動、存在。

謹記在心

1 你如果擔心早上起不來，臨睡前向潛意識暗示你要起床的確切時間，到時它就會叫醒你，潛意識完全不需要時鐘。針對所有問題你都可以採取同樣的辦法，對你的潛意識而言，沒有什麼問題是太困難的。

2 在臨睡前原諒你自己和每一個人，療癒的過程會因此加快很多。

3 指引會在你熟睡時出現，有時是以夢境的形式。療癒能量也會在熟睡時釋放出來，早上醒來時你就會感到煥然一新、精神百倍。

4 在飽受一天的煩惱、衝突之苦後，讓你心智的轉輪靜止下來，想想蘊藏在你潛意識中有求必應的大智慧，這麼做會帶給你平靜、力量、信心。

5 睡眠對於身體的健康與內心的平靜至為重要，缺乏睡眠可能會造成易怒、情緒低落以及精神疾患，你每天都需要八個小時的睡眠。

6 醫學研究者指出，失眠有時候就是精神崩潰的前奏。

7 睡覺是你給心靈充電的時間，睡眠充足是愉快、充滿活力的生活不可或缺的要素。

8 疲倦的大腦極度渴望睡眠時，會不計任何代價好好睡上一覺，許多曾經在開車時睡著的人都能見證這一點。

9 睡眠不足的人有很多記憶力都很差，也缺乏協調能力，他們變得迷迷糊糊、惶惑不安、失去方向感。

10 睡眠也是一種諮商，臨睡前對自己宣稱：潛意識的大智大慧正在引導你、為你指出方向。接下來，密切注意隨時會出現的線索，有可能一覺醒來就出現了。

11 全然信任你的潛意識，要知道它有生命優先的傾向。有時候，潛意識的回應會出現在栩栩如生的夢境中，或是在夜裡心中看到的景象中。你也有可能正如筆者那樣，在不祥之事發生前先在睡夢中得到警告。

12 你的未來就在你現在的心中，你的慣性思考和信念就是藍圖。現在就宣示大智大慧會領導你、指引你，以及所有的「善」都是你的，那麼，你的未來也會美好無比。相信它、接受它，期待最好的情況，那麼最美好的事物絕無例外會降臨你身上。

13 你如果正在寫一部小說、一齣劇本、一本書，或正致力於某種發明，臨睡前和你的潛意識對話，大膽宣示潛意識的智慧與力量正指引你、領導你，向你透露理想劇本、小說、書的樣子，或向你透露完美的解決方案。當你以這種方式祈禱，奇妙的事情就會發生在你身上。

S

臨睡前把你想要解決某個問題的請求交給潛意識，信任它、相信它，答案就會出現。

潛意識什麼都知道、什麼都看得一清二楚，但是你絕不能懷疑、質疑它的力量。

第14章

潛意識與你的婚姻

你的心智跟許多不同想法成親，你跟信念、意見、概念、教條、理論、教義結婚，不論你的心智在精神上、情緒上跟什麼結合，那就是一種婚姻。在心理上，你的婚姻伴侶就是你的想法、你對自我的概念、你對自己的評價、你的藍圖。

所有婚姻問題都是由於對心智的功能、力量了解不足所引起的，只要雙方都能正確地使用心智法則，夫妻間的磨擦也就會消失。一起祈禱，兩人就會白頭偕老；一起冥想神性的理想、一起研讀生命的法則、一起認同兩人共同的目標和計畫、一起享受個人的自由——這些都能帶來和諧的婚姻、結合的喜悅，以及兩人合而為一的一體感。

預防離婚的最佳時機就是在婚前。決心脫離苦海並沒有錯，但是，為什麼一開始要跳入苦海呢？認真找出婚姻問題的真正原因、一開始便深入問題的根本，不是比較好嗎？

婚姻不快樂、失和、分居、離婚等問題，和其他男女之間的問題並沒有什麼不同，這些問題都可以直接追溯到雙方對意識、潛意識的運作和交互關係缺乏應有的認識。

婚姻的眞義

真誠的婚姻必須從一開始就建立於堅實的心靈基礎之上，必須是出自真心，而這顆真心就是愛的聖杯。誠實、真心、善良、正直，這些都是愛的不同面向，婚姻伴侶必須對彼此百分之百誠實、真心。一個男人娶一個女人如果是為了滿足自尊心，或為了分享女人的金錢或社會地位，那就不是真正的婚姻，這種婚姻缺乏真心、誠實和真愛，只是一場鬧劇、一場騙局、一種偽裝。

如果一個女人說：「我厭倦工作了，我想要結婚，因為我需要安全感。」那麼，她結婚的主要前提便是個謬誤。她沒有正確地運用心智法則，她的安全感應該來自對意識和潛意識的互動及其應用的認識。

只要應用本書所提到的技巧，沒有人會欠缺健康或財富，你並不需要靠另一半、父母親或任何人就可以獲得財富，沒有人是依賴另一半來獲取健康、平靜、喜悅、啟發、指引、愛、財富、安全感、幸福或世上任何東西的。內心的平靜和安全感要看你是否了解我們每個人內在的力量，以及是否能夠持續建設性地利用心智的法則。

如何吸引理想丈夫

妳如果認真讀過前面各章節，應該就很熟悉潛意識的運作方式，知道不論妳在潛意識中烙印下什麼，妳都會在妳的世界中體驗到它。現在就用妳心目中的理想男人特質，來烙印在潛意識中吧！

下面是一種絕佳的技巧：晚間坐在沙發上，閉上雙眼，放下一切，放鬆身體，讓自己變得非常平靜、被動、具接納性。和妳的潛意識對話，這麼對它說：

我現在會吸引一位男性到我的生命中，這個人誠實、真心、忠誠、可靠、平和、快樂、成功。這些我欣賞的特質，現在正深入我的潛意識之中，我沉浸在這些特質之中，它們就成為我的一部分，讓我無意間具體表現出來。

我知道吸引力法則的不可抗拒，我會吸引到跟我的潛意識信念相應的男人。我在潛意識裡感受到的真實，就會被我吸引過來。

我知道我能夠讓他平和、快樂。他會愛上我的理想，我也愛他的理想。他不會想要改造我，我也不會想要改造他。我們相愛相依，彼此給對方自由、互相尊重。

每天持續練習這個灌輸潛意識的過程，然後，妳就會歡歡喜喜地吸引到擁有這些妳心中不斷想著的特質的男性。按照妳自己不可抗拒、無法改變的潛意識之流，妳的潛意識智慧會開啟一條通路，讓你們倆相遇。要用最熱切的渴望，把妳內在的愛、奉獻、合作通通激發出來。在妳給了潛意識這份愛的禮物之後，也打開自己準備接受潛意識給妳的回饋吧！

如何吸引理想妻子

要吸引到你所尋求的人生伴侶，可以肯定下面這個想法：

我現在會吸引和我百分之百合拍的對的女人。這會是心靈的合一，因為這是神聖的愛透過與我完美融合的女子的人格來運作。我知道我能夠給這個女人愛、光明、平和、喜悅，我感受到、也相信自己能夠讓這個女人的生命充實、圓滿、美妙。

我現在宣布這個女人擁有下面這些特質：有靈性、忠誠、可靠、真心，她內心充滿和諧、平靜、快樂。我們會不可抗拒地互相吸引。只有屬於愛、真理、美好的事物才會進入我的生命。我現在就接受我的理想伴侶。

只要靜靜地這麼想，並對你欣賞的理想伴侶特質保持極大興趣，你就可以在自己的心態中建立起相應的心理。接下來，潛意識的深層暗流就會以神聖的秩序安排你們相遇。

不再犯第三次錯誤

希拉是一位具有多年行政經驗的幹練女性，最近她對我說：「我結過三次婚，三任丈夫都是又被動又服從，他們都依賴我做所有的決定，什麼都由我來做主。為什麼我老是吸引到這種男人？」

我問她在第二次結婚之前，知不知道新丈夫和第一任丈夫的個性類似。「當然不知道，」她斷然回答說：「我如果知道他這麼膽小，就不會和他有任何瓜葛了。第三任也一樣。」

希拉的問題不在她的結婚對象，而在她自己的人格構成，她是個非常獨斷的人，極度需要掌控她身邊的一切。在某個層面上，她需要一位服從、被動的伴侶，好讓她扮演掌控的角色。同時，她更深層的需求卻是一位能和她旗鼓相當的伴侶。她潛意識裡的畫面為她吸引到她主觀感覺需要的男人，但是一旦找到這樣的人，她卻發現不是自己真正想要的。她必須學會打破這個模式，方法就是採用正確的祈禱步驟。

打破負面模式

希拉終於學會了一個簡單的事實：當你相信自己能夠擁有理想伴侶時，這件事就一如你所相信的發生了。

為了打破舊有的潛意識模式，為自己吸引到理想的另一半，希拉採用下面的祈禱：

我正在我的心態中，建立起我深深渴望的男人類型。我想吸引的理想丈夫要強韌、有力量、深情、成功、誠實、忠誠、可靠，他會在我身上找到愛和快樂，我也喜歡追隨他的領導。

我知道他需要我，我也需要他。我誠實、誠懇、深情、善良，我可以給他很棒的禮物，那就是親善、喜悅的心、健康的身體，他也可以給我同樣的東西。這是互相的，我給、我也接收。

大智大慧知道這個男人在哪裡，我潛意識的深層智慧此刻正以它的方式，安排我們相會，我們會馬上就知道對方是對的人。我將這個要求釋出到我的潛意識，它知道如何讓我的要求實現。我感謝即將賜予我的完美答案。

她每天都這麼祈禱，早上起來的第一件事是祈禱，晚上臨睡前的最後一件事也是祈禱。她在肯定這些真相時，心中信心滿滿地知道，只要讓心智時時充滿這些訊息，她便可以在心理上跟她所追尋的目標相應。

祈禱得到回應

幾個月時間過去了，希拉約會了好幾次，也參加了不少社交活動，但是她所碰到的男人沒有一個是她心中尋覓的。她開始納悶自己的追尋是否無望，並開始質疑、動搖、猶豫了。這個時候，她提醒自己無窮的大智大慧自有辦法讓她的要求實現，沒什麼好擔心的。在收到離婚的最後判決時，她也感到極大的解脫以及精神上的自由。

不久，她換工作到一家醫療集團擔任行政主管。第一天走馬上任時，集團的一位資深醫師到她的辦公室來打招呼，因為她來應徵工作那天，這位醫師剛好到外地參加醫學研討會去了。這位醫師一踏入辦公室，她便知道這是她一直在祈求的男人，而對方顯然也這麼覺得。不到一個月，醫師便向她求婚，兩人婚後十分幸福。這位醫師並不是那種被動或服從型的男人，他很強韌、自信、果斷，在自己的專業領域深受尊敬，大學時代曾是運動健將，而且還是個很有靈性的男人。

希拉得到她所祈求的，因為她不斷在精神上這麼宣示，直到達到飽和的狀態。換句話說，她在精神及情緒上和自己的想法結合，因此這個想法也成為她的一部分。

§ 誠實、真心、善良、正直也都是愛的形式，相愛的伴侶應該完全誠實、真心地對待彼此。

§ 如果生命中缺乏愛，可以經常做這樣的祈禱：「神的愛、智慧、和諧此刻正透過我表現出來，從容、平衡、平靜在我的生命中凌駕一切。」

§ 愛和婚姻中都有需要調整的地方，但是這和想要改造你的另一半不同，這種意圖只會毀掉對方的自尊，引起對立、怨懟的情緒，對婚姻有致命的殺傷力。

我應該離婚嗎？

離婚絕對是個人的問題，沒辦法有適用於所有人的共通答案。當然，某些案例中，雙方可能本來便不應該結婚；在另一些案例中，離婚則解決不了問題。離婚可能對某人是正確的決定，但對另一個人卻不適合。而比起活在謊言中而不離婚的人，離了婚的人則顯得更真誠、更高貴。

譬如說，曾經有一位女性來問我的意見，她的丈夫會打她，為了吸毒還會偷她的錢。而她成長的教養卻使她相信，婚姻是神聖而永恆的，結了婚又離婚是不道德的。我解釋給她聽，真誠的婚姻是出自真心，兩顆心如果能夠和諧、恩愛、真誠地融合在一起，那就是理想的婚姻，發自內心的純粹行動就是愛。

聽了我這一番解釋之後，她知道該怎麼做了。她打從心底知道，神聖的律法絕不會只因為曾經有人說過「我現在宣告你們是夫妻」，就要她如此戰戰兢兢、擔驚受怕、對家暴忍氣吞聲地過日子。

你如果不知道該怎麼做，就尋求指引吧！要知道永遠都會有答案，你也一定能接收到答案。當你的靈魂靜默下來，指引就會出現，遵循它，它會在平靜中告訴你答案。

自我實現的離婚

我曾經和一對夫妻交談，他們才結婚幾個月，就已經動了離婚的念頭。我發現年輕的丈夫一直害怕太太會離他而去，他期待會受到排拒，並深信太太會對自己不忠。這些想法在他心頭縈繞，成了揮之不去的執迷。

他的心態是屬於分離、懷疑的，覺得太太對自己冷漠、沒感覺，其實這都只是他自己的感受在作祟。這種分離的氛圍透過他的潛意識運作，帶來了跟背後精神模式相對應的情境或行動。不要忘了作用力／反作用力法則，或所謂的因果關係：念頭是作用力，潛意識的回應就是反作用力。

結果，太太果真離家出走，並要求離婚——正好是他一直害怕、並相信她會做的事。

離婚從心念開始

離婚首先會出現在心中，隨後才是法律的程序。這對年輕夫妻充滿了怨恨、恐懼、懷疑、憤怒，這些態度都會削弱、消耗整個存有，讓人日漸衰弱。夫妻倆學到恨分離、愛結合的道理，開始了解自己對心智做了些什麼蠢事。兩人都不曾聽過心理行動的法則，他們用錯心智，為自己帶來了混亂、痛苦。

在我的建議之下，這對夫妻復合了，並一起實驗祈禱療法。他們開始向對方送出愛、平靜、善意，互相練習放送和諧、健康、平靜、愛給對方，每天晚上還輪流讀《聖經・詩篇》。在他們真誠的努力之下，兩人的潛意識灌注滿了有益的神經衝動，夫妻倆的婚姻也變得愈來愈幸福。

嘮叨的太太

很多時候，太太會嘮叨是因為沒有得到關注。渴望愛和熱情是她該有的權利，但是表現出來的方式卻把另一半推得更遠。關心你的太太，向她表達你的感謝之情，讚美她所有的優點。

另一種類型的嘮叨，則反映出想要另一半照自己意思行事的欲望，殊不知，再沒有比這種方式更能迅速地趕走另一半的了。不論是先生或太太都要小心，不要讓自己成為食腐動物，老是在找對方的小毛病或錯誤。彼此關注、讚美對方身上具建設性的美妙特質吧！

悶葫蘆丈夫

如果一個男人用太太說過的話或做過的事，來孵育、生出對太太的厭惡感，在心理上來說，他已經犯了通姦罪。通姦的意思之一便是偶像崇拜，也就是關注負面、破壞性的事物，並在精神上與之結合。當一個人什麼都不說，卻默默地怨恨自己的太太，對她充滿了敵意，他就是不忠。他背叛了自己的婚約誓言，忘了自己曾立誓要在生命中的每一天，都珍愛、珍惜、尊敬對方。

這種悶葫蘆、尖刻、怨懟的男人，還是可以吞下自己傷人的話、平息自己的憤怒，來個一百八十度轉彎，變得體貼、善良、有禮的。他可以靈巧地迴避前後差異，用讚美和精神上的努力，讓自己從敵對的慣性中脫困。當他以平靜、和諧、愛的想法灌輸自己的潛意識，他不但會和太太相處得比較好，也會和生命中的每個人都相處得比較好。下定決心獲取和諧的狀態吧！你終將找到平靜、和諧。

天大的錯誤

和鄰居、親戚討論你的婚姻問題或不愉快是個大錯誤，譬如說，有一位太太告訴鄰居：「約翰對我媽很壞，他愛喝酒，又經常口出惡言。」

不論這位太太是在跟誰談話，對方都會覺得她是在貶抑、看輕自己的先生。而且，當她討論丈夫的缺點、老想著這些缺點，她其實是在自己心中創造這些狀態。是誰在這麼想和感受呢？就是這位太太啊！而你怎麼想和怎麼感受，你就會怎麼樣。

更何況，親戚通常會給你錯誤的建議，這些建議往往是偏頗、充滿成見的，因為提出來的人無法客觀。你所接收到的建議若是違反黃金定律這個宇宙法則，就是不好、不可靠的建議。

最好記住，從來沒有兩個人同住一個屋簷下，不會出現性格、脾氣的不調和，或是沒有過傷害、關係緊張的時期。絕對不要將自己婚姻不快樂的一面展現給你的朋友，你們的爭吵自己知道就好，克制自己不要去批評或譴責你的另一半。

不要妄想改造你的另一半

不論是先生或太太，都不要想嘗試將另一半改造成自己的另一個版本。毫無技巧地想要改變對方是一種公然侮辱，宣示著對方本身毫無價值。這種意圖都是愚蠢的，常常會破壞婚姻。嘗試改變一個人只會毀掉對方的自尊，引起對立和怨恨的情緒，對婚姻有致命的殺傷力。

當然，調整是有需要的，沒有人是完美的，我們的結婚對象也一樣。但你如果好好審視自己的內心，分析自己的個性和行為，你也會找出一大堆讓自己下半輩子忙著改善的毛病。你如果這麼想：「我要將他／她改造成我要的樣子。」你就是在找麻煩、找離婚法庭，這是在自找罪受，你必將吃過一番苦頭之後才發現，除了改變自己之外，沒有人可以被改變。

一起祈禱，白頭偕老

第一步：不要把今天由小小的失望累積起來的不愉快延續到明天，上床睡覺前一定要原諒彼此言語上的尖刻。早晨醒來的那一刻，宣示無窮的大智大慧正全面地給你們指引，帶著感情送出平靜、和諧、愛的念頭，送給你的另一半、你所有的家人和全世界。

第二步：早餐時要說謝飯禱文，感謝豐美的食物、富足的生活，以及所有的恩賜。餐桌上不要討論問題、憂慮，也不要爭論；晚餐時也一樣。對你的另一半說：「我感激你所做的一切，我整天都會放送愛和善意給你。」

第三步：臨睡前先生和太太輪流祈禱。要珍惜，不要把另一半視為理所當然，表達你的感謝和愛，心裡想著感激和善意，不要譴責、批評、嘮叨。和樂融融的家與快樂婚姻的基礎，就在愛、美好、和諧、互敬互重、對神的信仰以及所有善的事物。睡前閱讀心靈書籍，或歷代以來指引過無數人的宗教、哲學啟發之作。只要去實踐這些真理，你的婚姻就會隨著歲月的流逝愈來愈幸福。

謹記在心

1 對精神法則和靈性法則的無知是所有不幸婚姻的肇因。一起做有技巧的祈禱，你們倆就會白頭偕老。

2 預防離婚的最佳時機就是在婚前。只要學會正確地祈禱，你就可以吸引到對的終身伴侶。

3 婚姻是相愛男女之間的結合，他們兩人的心一起跳動，也一起向前、向上、向神提升。

4 婚姻並不保證幸福，只有沉浸在神的永恆真實、沉浸在生命的靈性價值，你才能夠找到幸福；這時，男女雙方也才能夠帶給對方幸福和快樂。

5 要吸引到真命天子，你可以在心中不斷想著你欣賞的女性或男性特質，你的潛意識就會以神聖的秩序安排你們相遇。

6 你必須在自己的心態中建立起跟你心目中理想婚姻伴侶相應的心理，你如果想吸引到誠實、誠懇、有愛心的人生伴侶，你自己就必須誠實、誠懇、有愛心。

7 你無須重複錯誤的婚姻，當你真的相信你會擁有心目中的理想伴侶，事情便會如你所相信的發生。所謂相信，就是接受某件事物是真的。現在就在心中接受你的理想伴侶吧。

8 不要納悶你將如何、為何、在何處碰到你所祈求的另一半，暗示自己相信潛意識的智慧，它絕對有完成任務的力量，不需要你的任何幫忙。

9 你如果沉溺在對婚姻伴侶的氣惱、怨恨、惡意、敵視之中，你在精神上已經和對方離婚了，這等於是在精神上沉浸在自己心中的錯誤泥淖裡。要堅守你的婚姻誓言：「我承諾在我生命中的每一天都珍惜、珍愛、尊敬他／她。」

10 不要再對你的婚姻伴侶投射出各種恐懼的模式了，要投射愛、平靜、和諧、善意，這樣，你的婚姻才會隨著歲月的流逝愈來愈美好。

11 互相送出愛、平靜、善意給對方，這些脈動會被潛意識接收，帶來彼此的信任、愛意、尊重。

12 嘮叨的另一半通常是在尋求關注和感謝，他／她是在渴求愛和熱情。讚美對方的許多優點，讓對方知道你愛他／她、感謝他／她。

13 恩愛的伴侶不會表現出不和善、沒有愛心的言語、舉止或行為，愛就是愛的表現。

14 要解決婚姻問題，一定要尋求專家的建議。你不會去找木匠拔牙，所以也不應該和親朋好友討論你的婚姻問題。你如果需要諮商，就去找受過訓練的專家吧。

15 永遠不要想改造你的另一半，這種意圖都是愚蠢的，只會毀掉對方的自尊，而且會引起怨懟的情緒，對婚姻有致命的殺傷力。別再想要把另一半改變成你的另一個版本了。

16 一起祈禱，你們就會白頭偕老，有技巧的祈禱可以解決所有的問題。在心中勾勒出你妻子應有的樣子：活潑、快樂、健康、美麗；在心中看到你丈夫應有的樣子：強壯、有力、深情、平和、體貼。在心中保有這個畫面，你就會經驗到天堂一般的婚姻，充滿了和諧與平靜。

S 在你們倆有生之年的每個晚上都一起祈禱，你們就會白頭偕老。不要把今天的不愉快和失望延續到明天，上床睡覺前一定要原諒彼此言語上的尖刻。早晨醒來的那一刻，宣示神性的智慧正在各方面給你們指引，帶著感情送出平靜、和諧的念頭，想著神以及祂的愛，然後說：

「感謝天父，感謝祢今天將帶給我們的祝福。」

第⑮章

潛意識與你的幸福

在每天的開始這麼對你自己說：
「幸福會降臨在我身上，我對這種力量有十足的信心。」

美國心理學之父威廉・詹姆斯說過，十九世紀最偉大的發現並沒有出現在自然科學的領域，這項最偉大的發現就是由信念汲取的潛意識力量，每一個人身上都有這座取之不盡的力量儲藏庫，足以克服世間的任何問題。

當你清楚領悟到自己能夠克服任何弱點，真實、永久的幸福就會降臨你的生命——那也是你明白潛意識可以解決你所有的問題、治好你身體的病痛、幫你實現甚至超越你最熱切的夢想的一刻。

你和夢中情人訂婚那天，你可能感到非常快樂；你大學畢業、結婚、小孩出生、獲頒大獎或贏得比賽那天，你也可能感到非常快樂。你還可以列舉更多曾經讓你感到快樂的經驗，然而，不論這些經驗多麼神奇，還是無法給你真正永久的幸福，這些快樂都是短暫的。

為什麼會這樣？《聖經・箴言》提供了答案：「倚靠耶和華的是有福（即幸福、快樂）的人。」當你相信耶和華（你潛意識的力量和智慧）能夠全面地指導你、引領你，為你指出方向的時候，你就會感到自在、平靜而放鬆。而當你送出愛、平靜、善意給所有人，你實際上是在給生命中的每一天建造一座幸福的大廈。

你必須選擇快樂

快樂是一種心智狀態。《聖經》中有一段經文是這麼說的：「今日你們就可以選擇你們所要事奉的。」你有選擇快樂的自由，這看起可能簡單得超乎尋常，但確實是如此，或許這也是為什麼許多人在通往幸福的路上裹足不前的原因，他們無法理解幸福之鑰是這麼容易取得。生命中的偉大事物都很簡單、有活力而具創造力，是福祉和幸福的來源。

聖保羅在下面這段話中，透露出如何用思想獲致充滿活力和快樂的生命：

最後，弟兄們，凡是真實的、莊重的、公正的、純潔的、可愛的、聲譽好的，無論是什麼美德，什麼稱讚，這些事你們都應當思念。（《腓利比書》4:8）

如何選擇快樂

現在就選擇快樂吧！你可以這麼做：一早醒來張開眼睛時，對自己說：

神聖秩序掌管了我今後每一天的生活。今天，所有事物都為我往好的方向運作，對我而言，今天是嶄新、美妙的一天，再也沒有比今天更棒的了。我整天都受到神聖的指引，不論做什麼都很成功。神聖的愛環繞著我、包裹著我，我在平靜之中前進。只要我的注意力一分散，遠離了具建設性的美好事物，我會立即拉回來，去冥想愉快而美好的事物。我是一塊心靈的、精神的磁鐵，能把所有讓我幸福、成功的事物吸引到我身邊來。我今天做的事都會成功得不得了，今天絕對會一整天都很快樂。

用這種方式展開每一天，你就是在選擇快樂，你也將成為一個幸福洋溢、充滿喜悅的人。

快樂是一種習慣

幾年前，我在愛爾蘭西海岸康納瑪拉的一戶農家住了一個禮拜，那農家的主人成天哼著歌、吹著口哨，充滿了幽默感。我請教他快樂的祕訣。

「這是我的習慣，」他這麼回答：「每天早上醒來和晚上臨睡前，我都祝福我的家人、我的農作物、我的牲口，我也感謝神賜給我很棒的豐收。」

這位農夫四十多年來每天都這麼做。誠如你所知道的，規律而有系統地重複的想法會沉入潛意識中，成為一種習慣。這位農夫已經發現快樂是一種習慣了。

你必須想要快樂

關於快樂這件事，有一個值得記住的重點：你必須真心地想要快樂。有些人因為沮喪、情緒低落、不快樂的時間過長，以致於當他們突然因為某些美好、歡樂的事而感到快樂時，反應反而就像某位女士曾經對我說的：「這麼快樂是不對的！」他們已經太習慣於原有的心理模式，反而對快樂感到不自在，而渴望回到自己熟悉的沮喪、不快樂狀態。

我就認識一位長年受關節炎之苦的英國老婦，她常會拍拍自己的膝蓋說：「我的關節今天很糟糕，不能出門了。我的關節真讓我痛苦。」因為她的病痛，老婦的兒女和鄰居都非常關心她，她真的很需要她的關節炎，她真的享受她自稱的「痛苦」。在她潛意識的層面上，她並不是真的想快樂起來。

我向她建議了治療程序。我寫下一些《聖經》的詩句，並告訴她，她如果能專注在這些真理上，她的心態無疑就會轉變，她的信仰和信心就可以使她康復。她沒有興趣，如同許多人一樣，她有一種奇怪的心理病態傾向，她非常享受痛苦和悲傷的狀態，至少是享受這種狀態帶來的好處。

為什麼要選擇不快樂？

許多人選擇了不快樂，卻沒有察覺他們的不快樂是自找的。他們會不快樂是因為抱持下面這些想法：

- 今天是我的黑暗日，做什麼事都會出錯
- 我不會成功
- 每個人都和我作對
- 生意很不好，而且會愈來愈糟
- 我老是遲到
- 我永遠無法喘口氣
- 他能，但是我做不到

你如果一早醒來就是這種心態，這些負面經驗就會通通吸引上身，你也將很不快樂。你要開始認識，心中想些什麼，幾乎就完全決定了你的世界。正如偉大的羅馬聖人哲學家奧勒留（Marcus Aurelius）說的：「人的一生由其思想形成。」十九世紀的重要美國思想家愛默生也說過：「一個人成天想什麼，他就是什麼。」你心中習慣思想的那些念頭，很容易一碰到具體情境，便自己實現出來。

確保你沒有沉溺在負面、失敗主義，或不善、沮喪的念頭之中，要經常在心中提醒你自己，你的心態中有什麼，你就會體驗到什麼，除此之外不會有別的體驗。

如果我有一百萬……

財富本身無法讓你快樂，另一方面，也不會讓你不快樂。今天，許多人藉由購物來購買快樂：高解像力的電視、最新款的汽車、昂貴的名牌服飾、鄉間度假別墅……但是，金錢無法買到快樂，快樂也無法透過購物行為來換取。

快樂的王國不用外求，就在你的想法和感受之中，但是，有太多人以為快樂是要透過人工製造的，有人會說：「如果我當選市長、榮任集團的執行長、登上媒體版面，我就會快樂。」真相卻是，快樂其實是一種精神和心靈狀態。工作上的升遷或外在的榮譽並不會帶來快樂，唯有找出蘊藏在潛意識內的神聖秩序與正確行動的法則，並將這些原則全面地運用在生活中，你才能找到力量、喜悅和快樂。

- 透過潛意識的神奇力量，你可以克服萬難，反敗為勝，並找到屬於自己的幸福。
- 你無法用金錢買到快樂，快樂的王國就在你的想法和感受之中。
- 最快樂的人就是能夠將自己最好的一面發揮到極致的人。

平靜的心收穫快樂

幾年前我在舊金山演講時，有一位男士向我表示他非常不快樂，他的事業的發展讓他感到很氣餒。他是一家企業的總經理，他心中對公司的正、副總裁充滿了怨恨，他認為他們反對他的意見，因而帶領公司朝向非常錯誤的方向發展。公司的利潤、市場占有率都在下降，股價也因此下滑，讓他十分擔心，因為他的津貼主要是以認股的形式發放。

後來他用了一個辦法來解決工作上的問題：他每天早上醒來的第一件事，就是默默肯定下面這些想法：

公司的所有同仁都是誠實、誠懇、合作、忠誠的，對每個人也都心懷善意，他們是公司成長、利益、興旺的精神和心靈環節。我透過我的想法和言行，送出愛、和平、善意給我的兩位長官以及公司的所有同仁。

我們公司總裁和副總裁所做的一切，都受到了神聖的指引。我潛意識的大智大慧透過我做出所有決定。我們公司的所有生意往來，以及同仁彼此間的關係，都只會有正確的行動。

我先差遣愛、和平、善意的信差到我的辦公室，平靜、和諧統御了公司所有同仁的心智，包括我在內。我心中充滿了信心和信任，準備開始嶄新的一天。

這位企業主管每天早上都會緩緩重複上面的冥想內容三次，過程中真實地感受著自己所肯定的情境。白天工作中，一旦恐懼或憤怒的想法又出現，他就會對自己說：「和平、和諧、從容隨時統御我的心智。」

他持續以這種方式來規範心智，具破壞性的想法便都不再出現，他內心充滿平靜，他也得以收獲成果。

後來，他寫信告訴我結果：在他重新調整心態大約兩週後，公司正、副總裁將他叫進辦公室，稱讚他的經營能力和具建設性的創見，還強調公司有他當總經理真是幸運。他也很高興地發現，人確實可以在自己的內在找到快樂。

障礙就在你心中

多年前，有一位朋友告訴我這樣一個故事：有一匹馬被路邊樹樁旁的一條蛇嚇到，從那以後，每次馬兒經過那截樹樁時，便不肯再前進。農夫將樹樁掘起、燒掉，並將路面夷平，但是一點用處都沒有。之後的許多年裡，馬兒每一次經過樹樁曾在的位置，仍舊不肯前進，馬兒是被記憶中的樹樁嚇到了。

除了你自己的思想和心中畫面之外，通往快樂的道路上並沒有路障。恐懼和擔憂讓你裹足不前嗎？其實，恐懼只是你心中的一個想法，你此刻就可以把它挖出來，用知道自己終能克服所有困難，獲得成功、成就的信念來取代它。

我認識一個生意破產的人，他告訴我：「我犯了錯，但是我從中學習到很多。我要東山再起，我一定會大大成功。」他直接面對自己心中的樹椿，沒有悲嘆或抱怨，而是掘出那塊名叫失敗的樹椿。因為他相信內在的力量會支持自己，所有的恐懼想法以及原有的消沉也就趕出心中。相信自己，你就會獲得成功、快樂。

最快樂的人

最快樂的人就是能夠不斷將自己最好的一面發揮出來、實踐出來的人。快樂和美德是相輔相成的，最優秀的人也最快樂，不僅如此，最快樂的人通常也最擅長於成功生活的藝術。神就是你內在最崇高、最好的一面，多多彰顯神的愛、光明、真理、美好，你也將成為當今世上最快樂的人之一。

希臘斯多葛學派的哲學家伊比鳩魯曾說：

通往快樂、心靈平靜的方法只有一條，因此，讓它長伴你左右：不論一早醒來、一天中的每一刻，還是晚上臨睡前，不要倚賴你擁有的身外之物，將一切交託給神。

謹記在心

1 威廉．詹姆斯說過，十九世紀最偉大的發現就是由信念汲取的潛意識力量。

2 你的內在有一股強大的力量，你對這股力量如果能夠獲致十足的信心，快樂將降臨你身上，你也就能夠實現自己的夢想。

3 透過潛意識的神奇力量，你可以克服萬難，反敗為勝，實現你心中懷抱的渴望。這就是「倚靠耶和華〔潛意識的心靈法則〕的是有福的人」這句話的真意。

4 你要選擇快樂，快樂是一種習慣，一種應該經常反覆思量的好習慣。

5 一早醒來張開眼睛時，對自己說：「我今天選擇快樂，我今天選擇成功，我今天選擇正確的行動，我今天選擇以愛和善意對待每個人，我今天選擇平靜。」將生命、愛、熱情傾注在這個肯定式想法之中，那麼，你就已經選擇了快樂。

6 每天重複幾次感謝你所得到的恩賜，同時，為你家人、同事以及全世界的人祈求平靜、快樂、昌盛。

7 你必須真心地渴望快樂，沒有渴望什麼都成就不了。渴望是長著想像和信念翅膀的願望，想像你的渴望滿足了，真實地感受它，它就會實現出來。快樂會隨著祈禱得到回應一起降臨。

8 你如果經常沉浸在恐懼、擔憂、憤怒、恨意和失敗的想法裡，你就會變得沮喪、不快樂。要記住，你的生命是由你的想法造就的。

9 用盡全世界的金錢，你也買不到快樂。有些百萬富翁很快樂，有些卻不快樂；許多人擁有一點點俗世的財富就很快樂了，有些卻不會因此而快樂；有些已婚的人很快樂，有些夫妻卻不快樂；有些沒結婚的人很快樂，有些單身者卻不快樂。快樂的王國就在你的想法和感受之中。

10 平靜的心就能收穫快樂。將你的想法停靠在平靜、從容、安定以及神聖的指引上，你的心就會盛產快樂。

11 通往快樂的道路上並沒有路障。外在事物並非你不快樂的原因，它們是果、不是因。向你內在唯一的創造性原則尋求提示，你的想法才是因，有新的因便會產生新的果。選擇快樂吧！

12 最快樂的人就是能夠將自己最好、最崇高的一面發揮出來的人。

記住，你的心智如果是分裂的，你的潛意識也無法採取行動。
如果你的想法老是停留在充滿疑慮的念頭上，
認為自己永遠得不到快樂，那你就無法找到快樂。

第16章

潛意識與和諧人際關係

你有選擇的自由。為你心智的內容好好做一下個人盤點，然後選擇健康、快樂、平和、富足的想法，那麼，你所有的人際關係都會出現不可思議的豐收。

你讀這本書會學到的一個重要觀念就是：潛意識就像一部錄音機，不論你在上頭印上什麼，它都會忠實地重播出來。這就是為什麼黃金定律對於和諧人際關係的創造、維持，是如此地重要。

你們願意人怎樣待你們，你們也要怎樣待人。（《馬太福音》7:12）

這句來自《馬太福音》的教誨，同時包含了外在意義和內在意義，而內在意義更與意識和潛意識之間的連接有關。

- 你想要別人怎麼想你這個人，你就要怎麼想別人；
- 你想要別人對你有什麼感覺，你就要對別人有同樣的感覺。
- 你想要別人怎麼對你，你就要怎麼對別人。

譬如說，你可能表面上對辦公室某位同事很有禮貌、很客氣，但是背地裡，你卻在心中不斷批評他、怨恨他。這種負面思想對你極具殺傷力，就像在服毒藥一樣，你所引發的負面能量會讓你喪失活力、熱情、力量、方向和善心，當這些負面思想和情緒逐漸沉入你的潛意識，就會在你的生命中造成各種困境和疾病。

和諧關係的萬能鑰匙

> 不可判斷人，免得你們被判斷。你們怎樣判斷人，也必怎樣被判斷；你們用什麼標準衡量人，也必照樣被衡量。（《馬太福音》7:1-2）

仔細研讀這段《聖經》經文，同時把其中的內在真理好好運用在生活中，你就掌握了和諧人際關係之鑰。所謂判斷就是去思考，並在心中得出裁決或結論。你對於別人的想法只是你自己的想法，因為想的人是你；思想是有創造性的，因此，你實際上是在自己的生命經驗中，創造出你對別人的想法和感受。你給別人的暗示，同時也會對你自己造成暗示效果，因為你的心智就是創造的媒介。

這就是為什麼經文上說：「你們怎樣判斷人，也必怎樣被判斷。」意思是當你把一些標準和要求加諸他人身上，你也在潛意識中創造出這些標準和要求，潛意識就會將它們加諸你身上。一旦你懂得了這條法則，也了解潛意識心智的運作方式，你就會非常小心謹慎地用正確的態度去想、去感受、去對待別人，因為唯有如此，你才能夠為自己創造出一種行動、感受、思考都正確的情境。

「你們用什麼標準衡量人，也必照樣被衡量。」你為他人做的善事，也會以同樣的標準回饋到你身上；而你做的壞事，也會依你心智的法則反撲到你身上。如果某人對另一個人行騙或欺瞞，他其實是在對自己行騙、欺瞞：他的罪惡感和失落心情無可避免地會以某種方式、在某個時間點，把損失吸附到他身上。他的潛意識記錄下他的心理行動，並依據他的心理動機和意圖反應出來。

潛意識不講人情，也不會改變，它既不會考量哪一個人，也不特別尊重哪一個宗教組織；它既沒有憐憫心，也沒有仇恨心。你怎麼想、怎麼感受、怎麼對待別人，最終都將回歸到你自己身上。

對報紙發脾氣的人

現在就開始觀察你自己，觀察你對人、對事情、對環境的反應，在本子上記下來，再仔細研究。你對一天發生的事件和新聞，是怎麼反應的？就算所有人都錯了，只有你對，只要媒體上的新聞讓你覺得很煩，那就是你自己的「惡」，因為你讓負面情緒剝奪了你的平靜與和諧。

有一位女士寫信給我，為她的先生尋求協助，她說他每次只要在報紙上讀到某些專欄作者的文章，就會暴怒起來；她還說先生這樣經常發怒、壓抑怒氣，已經對他的高血壓造成極大傷害，他的醫生說他必須調整情緒，找出減低壓力之道。

我邀請這位先生來見我，並向他解釋了心智的運作方式。他了解自己為了報紙上的一篇文章而生氣，情緒上確實不夠成熟，但是他不知道自己的怒氣對身心會造成這麼大的傷害。

他開始明白即使自己不同意專欄作家的政治、宗教立場，或任何其他看法，他仍應該容許專欄作家有表達的自由。同樣地，專欄作家也應該容許他有寫信到報社去表達不同立場的自由。他學習到自己可以有不同意見，卻不必發脾氣、討人厭。他終於覺悟到一個簡單的事實：影響他的從來就不是別人說了什麼、做了什麼，而是他對別人所言、所行的反應。

這個解釋幫助這位壞脾氣的男士得到了治療，他明白了只要經過小小的練習，他就能夠掌控每天早上的亂發脾氣。他的太太後來告訴我，他最終學會對自己原本厭惡至極的專欄作家的文章一笑置之，他也學會對自己的激烈反應自嘲一番，報紙上的文章不再有擾亂、激怒、惹惱他的力量了，他逐漸獲致情緒上的平穩和安寧，高血壓也因此控制得比較好了。

我討厭女人、喜歡男人

辛西雅是一家大企業的執行秘書，她來找我是因為她對辦公室的某些女同事充滿了憎恨，她相信她們在她背後說她閒話，到處散布惡毒的謠言。我追問之下，她才承認自己跟女性的相處一向很有問題，她說：「我討厭女人，但是我喜歡男人。」

進一步深入交談之後，我發現她會以一種非常傲慢、專斷而煩躁的語調和下屬說話。她講話的方式透露著一種自大，我看得出來她說話的聲調大概會讓一些人很不舒服，她自己並沒有察覺到這一點，在她看來，重點是她的同事以找她麻煩為樂。

如果工作場所的所有同事都令你感到討厭，這些令人厭煩的事或騷亂，難道沒有可能是來自你的某些潛意識模式或心理投射嗎？我們都知道，你如果討厭或懼怕狗的話，狗對你就會特別兇猛，動物能夠感應到你的潛意識脈動，並據此反應。若說在這方面人就像貓、狗，或其他動物一樣敏感，這會太過分嗎？

對於這位討厭女人的女士，我建議一段祈禱療程。我對她說，只要她開始認同心靈價值，並肯定生命的真理，她對女人的恨意就會完全消失，她跟人說話時那種傳遞憎恨之意的語氣和舉止，也會跟著煙消雲散。她覺得很驚訝，我們說話、行動、寫作以及生活的各個層面，竟然都會漏露了我們的情緒。

跟我談過話之後，辛西雅不再有她那典型的充滿怨恨、怒氣沖沖的舉止，她建立了一個祈禱模式，她會在辦公室中規律地、有系統地、認真地演練。

下面就是她運用得非常成功的祈禱內容：

我安靜、平和、帶著感情地思考、說話、行動，我現在散播出愛、和平、容忍、慈愛給那些批評我、講我閒話的人，我把念頭停泊在祝福所有人得到平靜、和諧、善意之上。

每當我快要出現負面反應的時候，我會堅決地對自己說：「我的思考、說話、行動，都是從我內在的和諧、健康、平靜原則出發。」創造性智慧正全面地指引我、支配、領導我。

這個祈禱練習改變了她的生命，她發現工作場所中批評她的惱人氣氛逐漸消失不見，她的同事成了她的朋友和人生道路上的夥伴。她終於發現了真相——除了自己之外，你沒有任何人可以怪，也沒有任何人可以改變。

內在對白阻礙了升遷

某天，從事業務工作的吉姆來找我，他因為和公司的業務經理處不來，感到非常懊惱。吉姆在這家公司待了有十年之久，卻從未得到升遷或任何形式的認同。他給我看他的銷售成績，很顯然，他的業績比起同領域的其他業務人員高出許多。他的解釋是業務經理不喜歡他，他自認為受到不公正對待，開會時經理會對他的建議嗤之以鼻，有時還會對他很不禮貌。

詳細討論過吉姆的處境之後，我告訴他，造成他處境的很大一部分原因，是來自他自己。他的主管的反應只是在印證吉姆對於自己上司的想法和信念罷了。我們用什麼標準衡量別人，也必照樣受到衡量。吉姆對業務經理的心理衡量和想法就是，這個人很卑鄙、充滿偏見、難相處，他對上司充滿了不滿和敵意，在他上班的路上，他都會激烈地和自己對話，內容通通都是對業務經理的批判、爭論、反擊和貶抑。

吉姆在心理上傳遞出什麼，也無可避免地會回到自己身上。在我們結束對話的時候，吉姆體悟到自己的內在對白具有高度的破壞性。他的念頭和情緒雖然無聲，強度和力道卻很驚人，還有他每天都要演練的責難、詆毀業務經理的戲碼，這些都進入了他的潛意識，因此自然引起主管的負面回應，更造成他個人的身體、情緒疾患。

在我的鼓勵之下，吉姆開始經常這麼祈禱：

> 在我的宇宙中，我是唯一的思考者。我要為自己看待主管的方式負責，我的業務經理不需要為我怎麼看待他負責。我拒絕再提供力量給任何人、任何地方、任何事物來惹惱我、擾亂我。我為我的主管祈求健康、成功、快樂以及心靈的平靜。我真誠地祝

福他，我也知道他各方面都受到了神聖的指引。

他緩慢、平靜、帶著感情地大聲重複這段祈禱，心中很清楚他的心智就像一座花園，不論他在花園種下什麼，都會像種子一樣長出相同種類的事物來。

我也教他在睡前練習視覺化或精神意象這兩種方法。他自己創造出了一個情境：他的上司因為他的優良表現而恭喜他，稱讚他對工作的熱忱，還特別提到客戶極好的回應。他真實地感受到這一切，他感受到上司和他握手，聽到上司說話的聲調，也看到上司在微笑。他製作了一部實境心靈影片，並盡力將劇情戲劇化。每天晚上他都會重新放映這部心靈電影，心中很清楚自己的潛意識是接收媒介，他的意識意象都會烙印上去。

漸漸地，藉由一種我們可以想作是精神與心靈滲透作用的過程，那些意象終於在潛意識裡留下了烙印，並在現實中自動表現出來。吉姆的業務經理後來召他到舊金山去，恭喜他的優良業績，並把他拔擢為區域銷售經理，權責大大提升，薪水也增加了許多。一旦吉姆改變了他對主管的想法和評斷，他的潛意識便會去確保他的主管根據他的新變化來回應。

S 不要讓世上的任何人有辦法移轉你的生命目標和方向——那就是對全世界表現你潛在的才華、服務人類、向世人彰顯更多神的智慧、真理與美好。

愛就是與人和睦相處的關鍵。愛就是體諒、善意以及尊重他人的神性。

在情緒上更加成熟

別人的言論無法真的激怒你或惹惱你，除非你「允許」它來煩擾你。別人可以惹你生氣的唯一途徑，就是透過你自己的想法。生氣的時候，你會在心中經歷四種不同階段：你開始細想對方說了什麼；你決定要生氣；你的內在升起一股憤怒的情緒；你決定採取行動，或許你會對這個人回嘴，並作出類似的反應。由此可見，想法、情緒、反應和行動，這些全都是發生在你自己心中。

在情緒上變得更加成熟的意涵是什麼？它的意涵是，負面地回應他人的批評和怨懟是一種與生俱來的孩子氣天性，但是你可以超越這個天性。沒有人喜歡被批評或貶抑，然而，當事情發生的時候，我們可以選擇如何反應。成熟的選擇就是克制自己，不要以類似的負面態度回應對方，以類似的負面態度去回應意味著將自己降低到與貶抑你的批評同樣的水平，並與對方散發的負面氣氛融合為一。認清自己的生命目標，不要允許任何人、地、物讓你偏離了內在的平靜、安寧以及精神煥發的健康感受。

愛的眞諦

佛洛依德是心理分析的鼻祖，也是心理學史上最重要的人物之一；他說過，除非人格之中有愛，否則就會生病衰亡。愛包括去了解、祝福、尊重他人的神性，你發散、放送出去的愛和善意愈多，就會有愈多的愛和善意回到你身上。

如果你打擊到他人的自我，並傷害他對自己的評價，你就無法贏得他的善意。要認清每個人都想要被愛、被珍惜，每個人在這個世界上都需要感受到自己的重要性；要理解自己之外的其他人也會意識到他們的真正價值，就像你自己一樣，他也會感覺到自己是那賦予全人類生命的唯一生命原則的一種表現，並感覺到那尊嚴。只要你有意識地、心領神會地這麼做，你就可以鼓舞另一個人，而他也會回饋你的愛和善意。

她恨台下的觀眾

瑪麗一直夢想要成為演員。她大學讀的是戲劇系，畢業後很幸運地在一個完全陌生城鎮的重要區域性劇團找到表演的工作機會。她第一次上台時，觀眾噓她下台，她在又沮喪又生氣的情緒下，認定那個地方的居民愚蠢、無知又落後，她恨這些人。經過一段痛苦的日子之後，劇團不再聘用她，她搬回自己成長的地方，不再登台，以到餐廳打工維生。

有一天，朋友找她去紐約市政廳聽演講，演講主題是〈如何與你自己相處〉。這場演講改變了她的一生，她開始了解，自己對於早期在區域性劇團的經驗，確實過度反應了，她對自己承認第一次登台的那齣劇本本身編得並不好，而初次登台的她，表現也未盡理想。問題不在觀眾身上，而在她接受觀眾反應的方式，以及接受之後又以負面能量的形式丟回去給觀眾。

瑪麗決定回到舞台上，回到成為一位好演員的人生夢想。她開始為觀眾和自己誠摯地祈禱，每天晚上登台之前，她都會把自己的愛和善意傾注出去，每一次她都會宣示神的平靜充滿了在場所有出席者的心靈，讓所有出席者受到鼓舞和啟發。每一次的演出，她都送出愛的共鳴給觀眾。今天，她已經在戲劇界占有一席之地。她將自己的善意和尊敬傳遞出去給別人，別人也如是回饋給她。

與難相處的人相處

一種米養百種人，有些人就是很難相處，這一點都不令人意外。這些人受到不當的養成，心理扭曲，有許多是精神犯罪者，個性漸漸變得好辯、不合作、壞脾氣、憤世嫉俗、對生命充滿厭煩。他們在心理上生病了，或許是因為過去的人生經驗，造成他們的心智扭曲變形。

當你必須面對這種人的時候，你會怎麼做？我們都會很想用「我不喜歡你」的形式回敬他們的負面能量，但是要這麼做，你必須先將他們的負面能量吸收進來，而所有會對你自己造成影響的不良效果也會一併收下。與其「以暴制暴」，不如「以德報怨」，這會形成一層防護，讓這些人的惡劣態度不再影響你，而你傳送出去的慈悲和體諒，也將啟動讓這些人改變的過程。

見不得人好

仇恨、煩躁、扭曲、偏差的人格，和無窮盡的潛能不可能同調。這種人會怨恨那些內心平靜、快樂、喜悅的人，他通常會批評、譴責、毀謗那些對他好、對他仁慈的人。這種人的態度是：我這麼悲慘，他們怎麼能這麼快樂？他想把快樂的人拖下水，跟他一起墮落，俗話說「見不得人好」，這句話很能形容這種人的心態，一旦你了解了這一點，你就能夠保持平靜、沉著，而不受影響。

布魯斯是在倫敦聽過我演講的一位男士，他跟我說了他的相關經驗。他很積極投入一個負責美化他所居住社區環境的志工團體，大部分志工都真心投入工作，栽種植物、整理花園、打掃破敗的區域、修復廢棄建築物……然而，卻有一位成員不管對誰的提議都唱反調，更經常攻擊別人的動機，讓團隊的聚會變得極不愉快，出席人數也開始下降。

有些成員來找布魯斯，提議大家聯合起來將這個什麼都不滿的人從團體內逐出去，布魯斯幾乎就要附和這個計畫了，幸好他即時體悟到，這麼做只會讓這個人的扭曲態度永遠持續下去而已。於是，他選擇了另一種做法，他開始視覺化這個人變成一位討人喜歡、合作的團體成員；每次團隊聚會之前，他也會找一個僻靜的角落，重複默唸這樣的想法：

我的思想、言語、行動都與我內在的和諧、平靜原則真正一致，所有和我們的團體目標結合的人，也會在神聖秩序之下帶著善心和使命感同樣這麼做。我們的團隊不再有不愉快或爭吵，創造性智慧領導、統御、指引我們做的每一件事。

幾個星期之後，這個麻煩製造者提出一個新建議，他的態度合作、表達方式令人很容易接受，贏得了團隊內每個人的贊同，包括了那些原本想把他踢出去的人。

練習同理心

愛麗絲是一位年輕女性，她最近來拜訪我，告訴我她長久以來一直很討厭辦公室的一位年輕女同事，她的理由是這位女同事長得比她漂亮，又比她快樂，各方面也更成功。最大的打擊是這位女同事和公司的執行長結婚，而愛麗絲暗戀執行長已經很久了。

婚禮過後的某一天，愛麗絲討厭的女同事帶著她前一次婚姻所生的女兒來到辦公室；愛麗絲並不知道這位女同事有小孩，甚至不知道她結過婚。那小女孩因為先天的缺陷，腳上戴著支架。愛麗絲偷聽到小女孩對媽媽說：「媽咪，這裡也是我新爸爸工作的地方嗎？我好愛這個地方喔，因為這裡的人我都很喜歡。」

「我的心瞬間在這小女孩身上融化了，」愛麗絲這麼告訴我：「我可以感受到她的快樂，我也可以想像這位女同事有多麼快樂，儘管她苦盡甘來的那些事跡我一點都不清楚。突然間我感受到心中對她的愛，我走進她的辦公室，祝福她永遠幸福，我說這句話時是真心的。」

在那一刻，愛麗絲體驗到心理學家所說的「同理心」（empathy）。同理心和同情心不一樣，同情心是我們了解他人的感受，同理心不止於此，它的意思是我們透過想像，將自己投射到另一個人的心態和心理狀態。當愛麗絲將自己的心情、心中感受投射到這位女同事的心情和感受時，就好像她能夠以這位女同事的生命經驗來思考，她就像這位女同事以及她的女兒一樣地思考，因為她同時也將自己投射到這個孩子心中。

每當你想去傷害別人，或對他人有不好的念頭時，你可以在精神上將自己投射到對方的內心，感覺對方所感覺的、想對方所想的，那麼你就會感受到《聖經》中「彼此相愛」這句話的真義。

姑息永遠沒有勝算

不要容許別人藉由亂發脾氣、又哭又鬧等「情緒敲詐」來占你便宜、遂其所願，這些人只是想奴役你，讓你照他們的話行事的獨裁者。態度要仁慈，但心意要堅決，拒絕臣服。姑息永遠沒有勝算。不要助長這些人的自私、占有欲和不合理行為。記住，做你認為對的事，你活著是為了實現你的理想，為了忠於永恆的真理，以及同樣具永恆性的生命的靈性價值。

忠於你的理想，確實地、徹底地了解能讓你平靜、快樂、滿足的事物，也必能賜福這世上的所有人。部分的和諧就是整體的和諧，因為整體就在部分之中，部分也在整體之內。你唯一虧欠別人的就是愛，而愛就是履行健康法則、快樂法則、內心平靜法則。

謹記在心

1 你的潛意識就像一部錄音機，會重播你的慣性想法。想著別人的好，你其實就是在想自己的好。

2 仇恨或怨懟的想法是一種精神毒藥。不要把別人想得很壞，這麼做其實是把自己想得很壞。在你的宇宙中，你是唯一的思考者，而你的思想是有創造性的。

3 你的心智是會創造的媒介，因此，你怎麼想別人、對別人有什麼感受，都會在自己的經驗中實現出來，這就是黃金定律在心理上的意義。你想要別人怎麼想你這個人，你就要怎麼想別人。

4 欺騙、搶奪、詐取他人，都會給你自己帶來匱乏、損失、限制。你的潛意識會記錄你內在的動機、想法和感受，你的動機、想法和感受如果是負面的，損失、限制和麻煩就會以各種方式找上你。你怎麼對待別人，就是在怎麼對待自己。

5 你做的好事、釋出的善意、送出的愛和善，都會以各種方式加倍回饋到你身上。

6 你要為自己看待別人的方式負責，記住，對方不需要為你怎麼看待他們負責。你的想法會複製重現。你現在是怎麼看待別人的呢？

7 在情緒上變得更加成熟，允許別人和你有不同的意見，別人絕對有權利不同意你的看法，你也同樣有不同意別人的自由。你可以和別人有不同意見，但不必發脾氣、討人厭。

8 就像動物會感應到恐懼的脈動一樣，許多人也和動物一樣敏感。你以為自己把想法隱藏得很好，其實早已透過你的聲音、臉部表情、肢體語言傳播了出去，不管正面或負面想法都是如此。

9 你可以在別人對你的反應之中，體驗到代表著你無聲的想法和感受的內在對白。

10 你為自己祈求什麼，就同樣地也為別人祈求，這就是和諧人際關係的關鍵。

11 改變你對雇主的想法和評價，去感受、明瞭雇主正在實踐黃金律法及愛的法則，雇主就會依此回應。

12 別人無法激怒或惹惱你，除非你允許他們這麼做。你的想法具有創造性，你有能力去祝福別人。如果有人辱罵你，你有自由回答他說：「神的平靜充滿你的靈魂。」

13 愛就是與人和睦相處的關鍵。愛就是體諒、善意以及尊重他人的神性。

14 同情、體諒那些受到負面情境影響而變得難搞、討厭的人吧！正如所有人一樣，神聖的火花就在他們內在。體諒一切就是要原諒一切。

15 為他人的成功、升遷、好運真心歡喜吧！這麼做的話，你也會為自己吸引到好運。

16 絕對不要臣服於別人情緒性的吵鬧和發作，姑息永遠沒有勝算，不要當別人的腳踏墊。遵循對的事物，堅持你的理想，明瞭讓你平靜、快樂、喜悅的心靈願景，是真、善、美的。祝福你的事物，也會祝福所有的人。

17 你唯一虧欠世人的就是愛，而愛就是你為自己祈求什麼，也同樣地為世人祈求——祈求健康、快樂，以及生命中所有的福祉。

讓自己在情緒上變得更加成熟，允許別人和你有不同的意見，別人絕對有權利不同意你的看法，你也同樣有不同意別人的自由。你可以和別人意見不同，但不必發脾氣、討人厭。

第17章

潛意識與寬恕

寬恕的真義在於原諒自己。寬恕就是讓你的想法與神聖的和諧法則一致。自我譴責就是地獄（束縛、限制），寬恕就是天堂（和諧、平靜）。

生命不會對誰偏心。神就是生命，你在閱讀、思考這些語句的時候，這個生命原則就在你身上流動。神喜歡透過你來展現祂自己，表現出來的就是和諧、平靜、美好、歡喜、富足，這就叫做神的意志或生命的傾向。

你如果心中打定主意要抵抗內在的生命之流，這種情緒上的堵塞，會讓你的潛意識打結，造成各種各樣的負面情境。世界上的不快樂或混亂狀況，和神一點關係都沒有，這些狀況全都是人類的負面、破壞性思考所帶來的。因此，將你的困難或病痛怪罪於神，簡直錯得離譜。

許多人習慣在心中抵抗生命之流，他們指控、責怪神，說神應該為人類的罪惡、病痛、苦難負責。更有人將自己身上的疼痛、心中的傷痛、失去心愛之人的悲痛、個人的悲劇、意外等，都怪罪到神的身上，他們對神感到忿忿不平，相信祂必須為他們的痛苦負責。

只要是對神抱持這些負面觀念的人，就免不了會體驗到來自潛意識的負面反應，這些人無法了解，其實是他們自己在懲罰自己。他們必須去看清真相、找到出口，不再以譴責、怨恨、憤怒來對抗自己之外的任何人或任何力量；否則，他們將無法邁向健康、快樂而具創造性的活動。這些人只要在內心深處擁抱一個充滿愛的神，只要相信神是慈愛的天父，會守護他們、照顧他們、指引他們、支持他們、給他們力量，這種對神——或者說對生命原則——的觀念和信念，就會被他們的潛意識接收，這些人也將發現自己得到源源不絕的祝福。

生命永遠會寬恕你

生命原則為你設立了一個不見底的寬恕基金，它在你割傷手指頭時原諒你的粗心，你內在的潛意識智慧也立即啟動、修復你的傷口，新的細胞在傷口上建好橋梁。你如果從某個具殺傷力的生物體受到感染，生命也不會見怪於你，只會立即啟動包圍和殲滅入侵者的防禦工事。你如果燙傷了手，生命原則也會減緩傷口的浮腫、充血，並提供你新的皮膚、組織和細胞。

生命和你沒有嫌隙，它永遠會原諒你。你如果與生命合作，懷抱與大自然和諧一致的想法，生命就會讓你重拾健康、活力、和諧、平靜。負面、傷害的記憶，以及痛苦、邪惡的態度會堵塞、阻礙你內在生命原則的自由流動。

放下罪惡感

哈莉特每天都在辦公室工作到很晚，通常不到半夜不會回家，她期望主管和同事能因為她工作如此賣命而拍拍她的肩膀給她肯定。但是他們沒有這麼做，因為往往只有她一個人加班到這麼晚，其他人甚至不知道她這種超乎尋常的賣力態度。另一方面，她的家庭生活出了很大問題，她的丈夫和兩個兒子幾乎快不知道她長什麼樣子了。她的小兒子參加少棒隊打入地方上的決賽時，哈莉特不但沒有去加油，甚至根本忘記去關心比賽的結果。雪上加霜的是，哈莉特的醫生警告說，她的高血壓已經高到危險的程度了。

哈莉特來找我談的時候，是因為她先生要求分居。我問她為什麼將先生完全排斥在自己的生命之外，對兒子也不大關心。一開始她試圖辯解說，她不得不每天都工作得這麼晚，否則工作做不完。我問她其他同事是否也都每天加班，她承認並沒有，公司同事的工作時間多半正常，而且也不是因為工作能力比她強。

我向她提示她為什麼工作得如此賣命的原因。

「有什麼在吞噬妳的內心，」我說：「不然妳不會這樣，妳是為了什麼在懲罰妳自己。」

有一會兒，她抗拒我的這個提示，一再強辯說她的工作習慣很正常，是其他人太懶惰了。最後，她終於承認她有很深的罪惡感：十五年前她父親過世時，她是父親的遺囑執行人，卻刻意不讓弟弟繼承一大筆錢。

「妳為什麼要這麼做？」我問：「是因為貪心嗎？」

「當然不是！」她回答：「我弟弟他……好吧，他有很嚴重的吸毒問題，我知道如果把那些錢過到他名下，結果會怎樣。我告訴自己我只是幫他把錢存起來，等到他悔悟了就會交還給他。」

「然後呢？」我追問。

哈莉特深呼吸一口氣，說：「我盤算的事情都沒有發生。他自殺死了，或許不是故意要自殺的，但是結果是一樣的。他當時才二十六歲。我一直在想……我如果沒有扣下他那筆錢的話，事情會怎麼發展？或許他會用這筆錢來參加什麼勒戒計畫，他有可能還活著。他的死是我造成的。」

我問她：「如果妳還有機會重來一遍，妳會怎麼做？」

「我不知道，」她搖搖頭說：「但是我知道我會更加努力去幫助我弟弟，我不會因為他有問題就厭惡他。」

「但是在那個時候，妳覺得自己這麼做是合理的嗎？」我追問：「妳覺得自己做的事情是正確的嗎？」

「那當然，」她告訴我：「但是現在我很肯定這麼做是不對的，那些不是我的錢。」

「所以現在妳不會這麼做囉？」

「不，我不會，」她回答，表情變得很嚴肅：「但是，一切都不要緊了。我永遠無法原諒自己的所做所為，他是我唯一的親弟弟，而我卻霸占他的錢，結果他死了。神是應該懲罰我的，我活該。」

我跟她說，不是神在懲罰她，是她在懲罰她自己。你如果誤用生命的法則，你就會因此受苦；你如果將手放在裸露的電線上，你就會被電到。大自然的力量並不邪惡，是你運用的方法決定了它是善是惡；電本身並不邪惡，而要看你是用來點亮燈火，還是給他人足以致命的電擊。唯一的原罪就是對生命法則的無知，唯一的懲罰則是誤用生命法則而導致的自然反應。

你如果誤用了化學的原則，可能會引爆整個工作場所；你如果用手去打一塊板子，你的手可能會受傷流血，板子沒有錯，錯在於你誤用了它。

後來，我終於幫助哈莉特認清，神不會譴責或懲罰任何人，她會受苦是因為潛意識對她自己負面、破壞性的思考作出反應。她需要得到寬恕，但是，寬恕的真義在於原諒自己。寬恕就是讓你的想法與神聖的和諧法則一致。自我譴責就是「地獄」（束縛、限制），寬恕就是「天堂」（和諧、平靜）。

哈莉特心中的罪惡感重擔以及自我譴責終於一掃而空，她也完全痊癒了。她再做身體檢查時，血壓已經恢復正常。我這番解釋對她就是一種治療。

殺人犯學會原諒自己

亞瑟多年前在歐洲殺了一個男人，他來找我的時候，精神已飽受折磨，痛苦極了，他相信神必定因為他這可怕的行為而懲罰他。我問他發生了什麼事，他說他發現那個男人和他太太有姦情，他是出門打獵回家時無預期地撞見他們，並在狂怒之下射殺了男人。法律並沒有對他的行為作出特別嚴厲的裁決，他只做了幾個月牢便出獄了。

出獄之後，亞瑟和太太離婚，並移民到美國。幾年之後，他和現任的美國籍太太結婚，兩人婚姻幸福，生了三個可愛的小孩。他的事業非常成功，在工作上幫助了許多人，同事們都喜歡他、尊敬他。但是這一切似乎都沒有用，儘管過了這麼久，他仍舊在責備自己過去所做的那件事。

聽了亞瑟的故事之後，我跟他說，科學家告訴我們，我們身體的所有細胞每隔十一個月就會被取代更新，因此，無論在身體上還是心理上，他都已經不再是當年犯下殺人罪的那個人了，他已經不是那個人很多年了。更何況，他的精神和心靈顯然都已經轉化，他現在對人充滿了愛心和善意，多年前犯罪的那個人，早就在精神上、心靈上死去了。他這樣拒絕原諒自己，等於是在譴責一個無辜的人。

這番解釋在亞瑟身上產生極大的效果，他說心頭就好像卸下一個大重擔一樣，他第一次體悟到《聖經》這段經文的內在真義：

耶和華說：你們來，我們彼此辯論；你們的罪雖像硃紅，必變成雪白；雖紅如丹顏，必白如羊毛。（《以賽亞書》1:18）

別人的批評傷害不了你

在學校教書的拉莫娜在某次上完我的課後來找我談，她告訴我，她最近做了一場演講，演講過後，有一位老師傳給她一張紙條，上面滿滿都是對她演講的批評。這位老師說拉莫娜講太快了，有些語句又含糊不清，下面的人根本聽不到，而且她的發音很糟糕，內容雜亂無章。拉莫娜感到很受傷，也很生氣，對這位老師的批評深感怨恨，從此在學校裡極力避免碰到對方。

在我進一步詢問之下，拉莫娜承認，那些批評有許多地方所言不虛，她面對成人聽眾演講的經驗確實不足，演講前便很緊張，演講後就只是很高興事情終於結束了，一點都不享受這個過程。這就是同事的批評讓她覺得受傷的原因，就好像有人猛烈抨擊剛學走路的小孩為什麼不跑快些一樣，殊不知對那小孩而言，光是能走路就已經是很了不起的事了。

在我們交談的過程中，拉莫娜漸漸明白自己最初的反應太過孩子氣了，她最後同意同事寫給她的信其實是在祝福她，她也很需要這樣的指正。她決定要讓自己的演講技巧更臻完美，於是到附近大學選讀公共演講課程；同時，她更打電話給那位寫信給她的同事，謝謝她的熱心和意見。

如何培養慈悲心

如果拉莫娜收到的那封信，內容完全是不實指控呢？如果她有足夠的理由，認為那些批評根本毫無根據呢？如果是這樣的話，拉莫娜可能得了解，她的演講可能在哪方面——方式或內容——惹毛了寫信的人偏見、迷信或狹隘的信念。這麼一來，問題就出在對方而不在拉莫娜了。了解到這一點，就是向慈悲心踏出了必要的第一步，下一個合理的步驟，就是要為中傷你的人祈求平靜、和諧、體諒。你如果知道你是自己思想、反應、情緒的主人，別人就無法傷害你。情緒會隨著想法出現，而你有能力拒絕所有可能擾亂你、激怒你的想法。

- 寬恕就是真誠地祝福他人得到你自己祈求的賜福：和諧、健康、平靜，以及生命中所有的福祉。
- 你必須進入寬恕和善意的精神，才能得到完美而持久的康復。
- 生命和你沒有嫌隙，它永遠會原諒你。你如果與生命合作，懷抱與大自然和諧一致的想法，生命就會讓你恢復健康、活力、和諧、平靜。負面、傷害的記憶，以及痛苦、邪惡的態度，會堵塞、阻礙你內在生命原則的自由流動。

落跑新郎

幾年前，有人邀請我去附近的教堂主持婚禮。結果新郎沒有出現，等了兩個鐘頭，準新娘在掉了幾滴眼淚之後，告訴我說：「我祈求過神聖的指引，這可能就是在回應我的祈禱，因為『神的愛永不止息』。」

她的反應是重新宣示她對神、對一切美好事物的信念。她心中沒有悲苦，因為正如她所說的：「儘管我非常想結婚，但是我想這個婚姻並不是正確的行動，因為我祈禱的是正確行動，不只是對我正確，而是對我們兩人都正確。」這個年輕女孩平靜地通過了一場考驗，換作別人的話，是有可能掉入情緒亂流的。

和你潛意識深層的大智大慧調到同一頻道吧！全然信任它給你的答案，就好像你小時候被爸爸媽媽抱在懷中時對他們那樣的信任。這是通往平靜以及心理、情緒健康的最佳途徑。

結婚是錯的、性是邪惡的

一個年輕女孩在我演講後上前來找我，她告訴我她的名字叫卡羅。她的外表讓我嚇了一跳，她穿一件很素的黑色洋裝，配上黑色褲襪，蒼白而沒有表情的臉上脂粉不施，連口紅也沒擦；她的舉止同樣讓人覺得壓抑，同時又小心翼翼，好像隨時防備身邊有人會突然做出什麼無法無天的行為似的。

不一會兒，卡羅開始告訴我她是如何被帶大的。她由母親獨自撫養長大，母親教導她，跳舞、玩牌、游泳、跟男人出去等都是有罪的；根據她媽媽的說法，天下的男人都是邪惡的，而「性」不過是被魔鬼激發出來的放蕩行為，如果她違反這些戒律，如果她沒有一字一句地遵守這些戒律，她就會下地獄永不得超生。

卡羅和男同事一起出去的時候，都會有深深的罪惡感，並相信神會懲罰她。有一位跟她很要好的年輕男性向她求婚，但是她拒絕了。她告訴我：「結婚是錯的、性是邪惡的，我也很邪惡。」這些都是她的早期教養所造成的言論。

這個年輕女孩當然會充滿罪惡感，怎麼可能不呢？她根本不可能遵照母親的教條過日子，同時，她也不可能不去想這些信條有什麼地方不對勁，因為我們身上流動的生命原則，會奮力尋求認同和表現。

我建議卡羅學習寬恕自己。寬恕就是放下、接納，她必須放下所有謬誤的信念，並接納生命的真理以及對自我新的評價。

卡羅開始每週來找我一次，並持續了十個星期。我教導她我所學到的意識和潛意識運作方式，也就是我在這本書中所指出來的訣竅。她漸漸能夠了解自己長期受到一位無知、迷信、頑固、受挫母親的洗腦、催眠和限制，並開始展開美好的新生活。

在我的建議之下，卡羅開始穿一些比較嫵媚的衣服，還到鎮上一家百貨公司的化妝品部門做了一次免費的全面性「改造」。她去上舞蹈課、學開車，也學游泳、玩牌、和年輕男孩聊天。她完全擺脫了家庭的束縛，並開始熱愛生命、看重生命的價值。

在卡羅發掘她內在本性的同時，她也開始祈求人生的伴侶，她對自己宣稱無限的靈（Infinite Spirit）會為她吸引到情投意合的男人。某天傍晚，她離開我的辦公室時，碰到外頭等著和我會面的一個男孩，我不經意地介紹他們認識，六個月之後，他們就結婚了。現在他們仍然幸福地生活在一起。

先寬恕才能療癒

如果有誰得罪了你們，就該饒恕他，好使你們的天父也饒恕你們的過犯。（《馬可福音》11:25）

想要有內心的平靜和煥發的健康，寬恕他人絕對必要，你如果想擁有完美的健康和幸福，就必須原諒曾經傷害過你的每一個人。讓你的想法與神聖法則、神聖秩序和諧一致，這樣你才能原諒自己。你必須先原諒別人，才有可能完全原諒自己。拒絕原諒自己的人，在心靈上是傲慢、無知的。

今日醫學的身心治療領域經常強調，怨恨、譴責他人、自責、敵意等等，是許多疾病背後的「黑手」，這些疾病從關節炎到心臟疾病都有。上述負面情緒所造成的壓力，也會直接影響身體的免疫系統，讓你對感染或疾病毫不設防。

壓力相關疾患的專家指出，曾受過欺騙、不當對待，以及心靈或身體受過傷害的人，往往會用對傷害者的怨懟、恨意填滿自己。這種反應會在他們的潛意識之中形成發炎、潰爛的傷口，而補救之道只有一種：這些人必須割斷、丟掉他們的受傷情緒，而唯一肯定有效的方法，就只有「寬恕」一途了。

寬恕就是愛的行動

寬恕的藝術有一個重要配方，那就是肯去原諒的意願，你如果真心誠意想要原諒別人，你就已經跨越一半以上的障礙了。當然，你知道原諒別人並不意味你必須喜歡這個人，或想要跟他建立什麼關係。沒有人可以逼你喜歡某個人，這樣做就像是政府試圖立法通過善意、愛心、和平、寬容的道德律法一樣。你不可能因為有人命令你這麼做，就喜歡某個人。然而——這點非常重要——我們不用喜歡別人，也能夠愛他們。

《聖經》說「彼此相愛」，儘管一開始看似很難辦到，但是，只要願意，任何人都做得到。愛一個人意味著希望對方獲得健康、快樂、平靜、歡喜，以及生命中所有的祝福。這裡有個先決條件，那就是真誠。當你原諒他人時，你並不是寬大為懷，其實你是自私的，因為你在為他人祈求的同時，其實是在為自己祈求。原因在於，去思想、去感受的那個人是你，而你怎麼想、怎麼感受，你就會成為那樣。還有比這更簡單的嗎？

寬恕的技巧

下面是一個讓自己能夠寬恕的簡易、有效方法，你只要好好練習，你的生活中就會有神奇的效果。靜下心來，放鬆、放下一切，想著神以及祂對你的愛，並肯定這樣的想法：

我徹底且坦然地原諒〔想著冒犯你的人的名字〕，我在精神上和心靈上放下他／她，我完全原諒與這件事有關的一切。我自由了，他／她也自由了，這種感受真是神奇啊！

今天是我得到大赦的日子，我放下任何、所有傷害過我的人，我希望他們每個人都獲得健康、快樂、平靜，以及生命中所有的祝福。我坦然地、歡喜地、帶著感情地這麼做。只要一想到傷害過我的人，我就會說：「我已經放下你了，生命中的所有祝福都屬於你的了。」我自由了，他們也自由了，真是太美妙了！

寬恕的最大祕密在於，一旦已經寬恕了某個人，你就不需要再重複你的祈禱了。只要傷害過你的人或事件又出現在你的心頭，你可以給對方祝福，並說：「願你獲得平靜。」不論這些念頭出現多少次，你就做多少次，幾天之後，你會發現對傷害你的人或事件的念頭愈來愈少出現了，最後就會消失於無形。

寬恕的酸性試驗

採礦者和珠寶商要分辨一塊金屬是真金或只是贗品，會利用所謂的酸性試驗。寬恕也有酸性試驗：想像我在跟你說有關某位曾經欺騙你、對你無禮的人的好消息，你聽了之後如果心裡有如打翻了五味架，很不是滋味的話，那麼恨意之根就仍在你的潛意識中大搞破壞。

假設你去年看牙齒時，有過非常痛苦的經驗，你現在告訴我這件事，我聽了之後問你，那你現在還在痛嗎，你大概會很驚訝地瞪著我說：「當然不會！我還記得當時很痛，現在當然已經沒感覺了。」

事情就是這樣，你如果真的原諒了某個人，你仍會記得當初的事件，但是你已經不會再感受到它所帶給你的痛了。這就是寬恕的酸性試驗，你必須在心理上、心靈上都能通過才行，否則，你只是在欺騙自己，你並沒有真正實踐寬恕的藝術。

寬恕就是體諒一切

一旦了解心智的創造性法則，你就不會再去責備對你造成傷害的人或情境了，你就會體悟只有你自己的想法、感受，才能夠創造你的命運。而且，你會察覺到，外在的一切並不是你的生命或經驗的肇因和限制。別人可以讓你不快樂、你在殘酷的命運中被踢來踢去、你必須與別人對抗才活得下去——這些想法在你了解了念頭就是事物本身之後，就會顯露出它破壞性的本質。這個原則早已清楚地寫在《聖經》中：

因為他心怎樣思量，他為人就是怎樣。（《箴言》23:7）

謹記在心

1 神（也就是生命）不會特別尊敬哪一個人，生命不會對誰偏心，一旦你跟和諧、健康、喜悅、平靜等生命原則方向一致時，生命（也就是神）就似乎特別眷顧你。

2 神或生命從不曾傳遞疾病、病痛、意外或苦難，是我們用負面的破壞性思考把這些事物帶給了自己，這就是「怎麼種，就怎麼收」的法則。

3 你對神的觀念是生命中最重要的事，你如果真的相信有一位充滿愛的神，你的潛意識就會回應，帶給你無數的祝福。相信有一位充滿愛的神吧！

4 生命或神和你沒有嫌隙，生命也從來不責難你。生命醫好你手上的割傷，你如果燙傷手指頭，生命也會原諒你，它會減緩傷口的浮腫，讓燙傷的地方復原。

5 你的罪惡感是對神和生命的錯誤觀念，神或生命不會懲罰你或評斷你。懲罰或評斷你的是你自己，是你的謬誤信念、負面思考、自我譴責對潛意識所造成的效應。

6 神或生命不會譴責你或懲罰你，大自然之中沒有邪惡的力量，運用這些力量會產生什麼效應，要視你如何利用你內在的力量而定。你可以利用電來殺人，也可以用來點亮燈火；你可以利用水來淹死小孩，也可以用來解他的渴。善還是惡，最終要回歸到一個人心中的想法和目的。

7 神或生命從來不會懲罰，是人在懲罰自己，因為他們對神、生命、宇宙抱持錯誤的觀念。人的想法是有創造性的，所以人會創造出自己的不幸。

8 如果別人批評你，而這些錯誤在於你自己，那麼要感到歡喜，並感謝、感激這些批評，這讓你有機會改正那個錯誤。

9 你如果知道你是自己思想、反應、情緒的主人，別人的批評就無法傷害你。這讓你有機會去為別人祈禱、去祝福別人，也因此能夠為自己祈福。

10 當你祈求指引和正確的行動，不論出現什麼結果，都要接受它，明白這個結果是好的，而且非常之好。那麼你就不會陷在自憐、自我批判和怨恨之中了。

11 事物本身無所謂好壞，是念頭讓事物變好或變壞。對食、色、財富的欲望或真誠表達這些欲望，本身並不邪惡，好壞要視你如何利用這些衝動、欲望、渴求而定。你想要食物，卻不必為麵包而殺人。

12 怨懟、仇恨、壞心、敵意是許多疾病背後的「黑手」。原諒你自己以及每一個人，向所有傷害過你的人灌注愛、生命、歡喜、善意，持續這麼做，直到你在心中想到這些人時能夠完全釋懷為止。

13 寬恕就是對他人送出愛、平靜、歡喜、智慧，以及生命的所有福祉，直到你心中的疙瘩不復存在為止，這就是測試寬恕的酸性試驗。

14 如果有人曾經傷害你、誹謗你、散布你的不實謠言、說你的各種壞話，你對這個人的想法會是負面的嗎？如果是的話，你尚未寬恕他，恨意之根仍深植你的潛意識之中，對你的身心以及你的善大搞破壞。讓這些恨意之根凋萎的唯一辦法就是用愛，祝福對方擁有生命中所有的福祉，這就是所謂的「饒恕七十個七次」。

S

想要有內心的平靜以及精神煥發的健康，寬恕他人絕對必要。

你如果想擁有完美的健康和幸福，就必須寬恕曾經傷害過你的每一個人。

讓你的想法與神聖法則、神聖秩序和諧一致，這樣你才能原諒自己。

你必須先原諒別人，才有可能完全原諒自己。

無法原諒自己的人，在心靈上是傲慢、無知的。

第⑱章

以潛意識去除心理障礙

你可以在自己的心態中建立起自由、平靜的念頭，並讓它沉入你的潛意識深處，無所不能的潛意識就會讓你擺脫想要因循壞習慣的欲望。這時，你對心智的運作方式就會達到全新的了解。你將在自己的內在發現無窮的資源，來支持你宣示的說法、向你自己證明這個真相。

當你面對困境、無法清楚看到未來的出路時，你該怎麼辦？辦法就在問題之中，每個問題都隱藏著本身的解答。你潛意識的大智大慧知道一切、看清一切，它知道答案在哪裡，並且此時此刻就將答案揭示給你……但是你必須好好傾聽才行，你必須以全然的信心，遵循來自潛意識的強烈欲望。一旦你達到這種全新的精神狀態——也就是認清你內在的創造性智慧正為你帶來圓滿的結局——你就會找到朝思暮想的答案。儘管放心，這種心態絕對會為你所做的一切帶來秩序、平和與意義。

如何打破或建立習慣

我們每一個人都是習慣的產物。習慣是潛意識的作用，我們學會游泳、騎腳踏車、跳舞、開車，就是透過有意識地一再重複做這些事，直到潛意識裡刻出了這些事物的軌道為止，然後，我們潛意識的自動化習慣動作就會接手過去。有時候，這又叫做「第二本性」，也就是潛意識對於構成我們的「第一本性」的思考、行動的反應。那是因為當你一再重複某個想法或行動，你的潛意識心智就會刻出痕跡，變成自動反應了。

如果習慣是我們自己創造出來的，那麼順理成章地，我們就有自由選擇好習慣或壞習慣。你如果重複某個負面思想或行動好一段時間，你就會被迫去遵循這個習慣——潛意識法則是有強迫作用的。

打破酗酒的習慣

鮑伯來找我時，已經近乎絕望了。「我因為酗酒而丟了工作、太太和家庭，」他告訴我：「我太太根本不接我的電話，也不讓我探望女兒，我不知道該怎麼辦。」

「你試過戒酒嗎？」我問他。

「當然試過，」他說：「試過很多次了，而且也成功過一陣子。然後，我又無法控制喝酒的渴望，等到我清醒過來，已經沉迷酒鄉兩個禮拜了，真是糟透了！」

這些經驗一而再、再而三地發生在這個不幸的男人身上，他明白狂飲已經成為他的習慣，也了解自己必須改變這個惡習，同時建立起新的習慣。然而，他愈努力壓抑自己的渴望，事情卻變得更糟糕。不斷失敗的經驗也讓他相信，他完全沒有希望、也沒有能力控制自己對喝酒的欲望或沉迷。無能為力的念頭對他的潛意識產生了強大的暗示作用，他變得更軟弱，生活也成了一連串的失敗。

我教他怎麼樣去協調意識和潛意識的功能，這兩者只要能夠合作無間，植入潛意識的念頭或欲望就能夠體現出來。他的理性心智也同意，既然舊有習慣的軌道帶給他麻煩，他可以有意識地另外形成一條通往自由、清醒、內心平靜的新軌道。

他了解到自己的破壞性習慣雖然已經「自動化」了，但也是自己當初有意識地選擇的結果。他明白如果他曾經受到負面的制約，他也就能夠受到正面的制約。這麼一來，他不再覺得自己無力克服壞習慣了，他清楚地了解到，除了自己的想法之外，沒有什麼東西足以阻礙他戒酒，因此，他也不再有精神上用力過度或壓力過大的情形了。

內心畫面的力量

鮑伯開始練習放鬆身體，讓自己進入一種昏沉的冥想狀態。接著，他讓心中充滿他想達到的理想結果的畫面，同時心中很清楚自己的潛意識有辦法以最簡單的方式讓目的達成。他想像女兒給他一個歡迎的擁抱，並且說：「爸爸，真高興你回家了！」

他固定找時間坐下來，有系統地用上述方式冥想，只要注意力開始周遊四方，他就養成習慣立即回想女兒微笑的面孔、家中因女兒活潑的笑聲而生氣蓬勃的內心畫面。這些都讓他的心智得以重建，這是一個緩慢漸進的過程，他持續做下去、堅持下去，心裡很清楚他遲早會在潛意識中建立起一個全新的習慣模式。

我告訴他，他可以將自己的意識心智想成一架照相機，潛意識則是讓他顯示或烙印畫面的感光片。這個說法讓他留下深刻印象，他的整個目標變成要在心中牢牢地印下畫面、沖洗出來。底片要在暗房中才能顯影，同樣地，內心畫面也必須在潛意識的暗房中，才能好好感光。

集中注意力

鮑伯了解了意識心智就像一架照相機，因此他完全不需要費力，也沒有心理掙扎。他只是靜靜地調整想法，將注意力集中在眼前的景象，直到逐漸對那幅畫面感同身受。他頻繁地重複放映這部心靈電影，也漸漸能夠沉浸在內心的氛圍當中。

這麼一來，療癒毫無疑問會跟著出現。每當酒精的誘惑一出現，他便將想要喝酒的想像轉到與家人共享天倫之樂的溫馨感。他成功了，因為他滿懷信心地預期會體驗到他在自己心中沖洗出來的畫面。如今，他不再成天醉醺醺，也和家人團圓了，他不但事業成功，而且每天都神清氣爽、快樂得不得了。

走霉運

「過去這三個月裡，我碰到一個又一個的阻礙，我真的覺得我是在走霉運！」露絲開了一家公司，專門協助專業人士處理帳務，一開始非常成功，但是，接著事情就走樣了。

「我真不明白，」她對我說：「一下子之間，所有對我敞開大門的機會通通都行不通了。一次又一次，那些本來快要成為我的客戶的人，就只差簽字這道手續了，可是最後一刻他們卻縮手了，究竟是怎麼回事？」

「這個問題出現多久了？」我問她。

「我說過，大約三個月了，」她答道：「就從四月中旬開始。」

我感到很好奇，接著問：「你怎麼記得這麼清楚是這個日子？那時發生什麼特別的事情了嗎？」

她沉下臉來，答道：「你最好相信！當時我正在努力說服一位牙齒矯正專家。我不說出他的名字，但是你如果有小孩戴牙套的話，大概就會知道他。我把整個利弊都解釋給他聽，我讓他知道，他如果讓我的團隊幫他處理那些瑣碎的帳務的話，他可以省下多少時間、精力和金錢。他覺得有道理，也口頭答應要簽約。但是我把合約寄給他的時候，他先是拖延，然後就反悔了。真是氣死我了！」

「然後呢？」我繼續追問。

「同樣的事情開始一再發生，」露絲說著，用手把臉掩住好一會兒，才說：「我真是倒了大楣！沒有其他的解釋了。」

我說：「有的，有其他的解釋。」我向她解釋，她對這位牙醫師充滿氣憤、怨恨，這讓她的潛意識深信，其他原本有希望的客戶也會背叛她，這種信念造成一種挫折、敵意、障礙的模式，她逐漸在心中建立起「最後一刻取消簽約」的期待，一旦這個期待烙印到她的潛意識中，潛意識就開始引發她所恐懼的情境；而接二連三的失敗更強化了她的信念，讓她相信自己注定要失敗，是她自己一手造成了這個惡性循環。

在我們的交談當中，露絲開始了解問題其實出自她自己的內心，她體悟到解決的良方就在改變她的心態，於是，她開始這麼冥想：

> 我了解我和潛意識無窮的大智大慧是一體的，這個智慧沒有所謂的障礙、困難、延誤。我活在預期最好的事情會發生的喜悅之中。我的深層心智會回應我的想法。我知道潛意識無窮力量的運作，是不可能受到阻礙的。無窮的大智大慧不論開始了什麼，總能成功地完成它。
>
> 透過我來運作的創造性智慧，會讓我所有的計畫、目標都得以完成，不論我展開什麼，我都能得到圓滿的結果。我的生命目標就在付出絕好的服務，我所接觸的對象都

會因為我的付出而有福。我所有的努力都會在神聖秩序之下得以豐收。

她每天早上出門拜訪客戶之前，都會重複這段祈禱，晚上臨睡前也這樣祈禱。很快地，她便在自己的潛意識之中建立起一個新的習慣模式，不久，她又能夠順利說服客戶和公司簽約，而所有「走霉運」的念頭，都拋到九霄雲外去了。

你有多飢渴？

有一個故事是這麼說的：有個年輕人請教蘇格拉底，要怎麼樣才會變得有智慧。

「跟我來，」蘇格拉底答道。他把那小夥子帶到河邊，把他的頭按到水中，並一直按住不放，直到小夥子因為無法呼吸而開始掙扎，他才把小夥子放了。

小夥子回過神之後，蘇格拉底問他：「你的頭浸在水裡的時候，你最想要什麼？」

「我想要空氣。」小夥子回答。

蘇格拉底慢慢地點頭說：「你對智慧的飢渴，如果達到了你的頭浸在水中時你想要呼吸空氣的程度，那你就會得到智慧。」

同樣地，你如果：

- 強烈、真誠地想要克服生命中的某個障礙；

- 決意要找到出路；
- 滿懷信心地決定這就是你要追尋的方向，

那麼，勝利和成功保證就是你的了。

你如果真的很想要得到內心的平靜與和諧，你就可以得到。就算你被不公平對待、就算上司是多麼地偏心、就算你遇到的某個人是個惡毒的大壞蛋，這些都不要緊，只要你能對自己內在的精神與靈性力量有所覺悟，這些都不會有什麼差別。你如果知道你想要的是什麼，你絕對不會讓仇恨、憤怒、敵意、惡意的盜賊（想法）偷走你的平靜、和諧、健康和快樂。

一旦養成立即讓想法和生命目標等同的習慣，你便不會再被別人、情境、消息、事件等弄得不高興了。你的目標是獲得平靜、健康、啟發、和諧、富足，現在就去感受有一道平靜之流通過你的內在的喜悅，你的思想就是那無形、非物質的力量，你選擇讓它來祝福你、啟發你、給你平靜。

S 你如果極度想要擺脫某個破壞性的習慣，你就已經好了一半以上。當你想要戒除壞習慣的欲望超過了你對這個壞習慣的需要時，你會很驚訝地發現，只要再踏出一步，你就全然自由了。

S 你如果想要升遷，那就想像你的雇主、你的主管、你所愛的人在恭喜你得到了升遷。

盡可能讓那畫面真實而栩栩如生，聽到聲音、看到手勢，
感受整個場面的真實性。頻繁地持續做下去，
因為這個畫面常駐你心，你也將體驗到祈禱得到回應的喜悅。

爲什麼就是好不了？

艾倫是一家重要教科書經銷商的業務代表，他已婚、有四個孩子，但是他利用出差在外時，和一個女性發展了一段婚外情。他來找我時，顯得緊張而焦躁。如果沒有安眠藥，他就無法入睡。他有高血壓，還有各種醫生診斷不出、也治不好的體內疼痛；更糟糕的是，他喝酒喝得很凶。

我們很快就發現，這些身體不適的肇因其實都來自深層無意識的內疚感。艾倫從小所受到的宗教戒律教養，早已深深內化到他的潛意識之中。這些教條非常強調婚姻誓約的神聖性，而他卻不斷違反它，真是罪大惡極。他用酗酒來治療自己的罪惡感，這當然沒有用，就像一個病重不治的人會用嗎啡或古柯鹼來舒緩疼痛一樣，他藉喝酒來麻醉內心的疼痛、傷口，套句老話：這只是火上添油而已。

解釋與治療

他聽我解釋了心智的運作方式，開始面對自己的問題，仔細加以考量，並決定終止偷偷摸摸的婚外情。他同時也覺悟到，自己酗酒不過是無意識地想要逃避，深藏在潛意識中的起因必須連根拔除，唯有這麼做，療癒才會出現。

他開始一天祈禱三次，用這樣的祈禱內容烙印在潛意識之中：

我內心充滿平靜、平衡、自在，無窮的能量在我內心舒展開來、靜靜地對我微笑。我不害怕過去、現在或未來發生的任何事，我潛意識無窮的大智大慧正在各方面領導我、指引我、為我指出方向。

我以平靜、沉著、信心來面對所有處境。我現在全然擺脫掉壞習慣的束縛，我的心充滿內在平靜、自由和喜悅。我原諒自己，這樣我也就完全得到了寬恕。平靜、清醒和自信在我的心中凌駕一切。

每次重複這段禱詞，他都充分覺察到自己在做什麼、為什麼要這麼做。因為清楚自己在做什麼，他心裡產生必要的信念和信心。我向他解釋，只要他持續大聲地、緩慢地、充滿感情和意義地說出來，上述這些說法就會逐漸沉入他的潛意識。就像種子一樣，這些說法也會長出相同的果實。他的耳朵聽到了聲音，那些具療效的語音脈動傳到他的潛意識之中，把造成問題的負面心理模式全部剷除——光明驅走黑暗，建設性思想摧毀負面思想，不到一個月，他已經完全變了一個人。

不肯承認壞習慣

你如果酗酒或吸毒，就勇敢承認吧！不要迴避問題，許多人之所以會戒不了酗酒，就是因為他們不肯承認這個問題。

你的毛病是一種不穩定感，一種內在恐懼。你是在拒絕面對生命，所以你想透過酒精逃避責任。做一個酒鬼，你並沒有自由意志；你可能以為自己有，甚至吹噓自己的意志力，但其實你沒有。

你如果酗酒成性，卻冒然地宣稱：「我不會再碰酒了。」你並沒有力量真的做到，因為你根本不知道要去哪裡找來這股力量。

你住在自己築起來的心靈牢獄之中，你被自己的信念、看法、訓練、環境因素等困住，就像大多數人一樣，你是習慣的產物，你受到你的慣性反應的制約。

建立自由的念頭

你可以在自己的心態中建立起自由、平靜的念頭，並讓它沉入你的潛意識深處，無所不能的潛意識就會讓你擺脫想要喝酒的欲望。這時，你對心智的運作方式就會達到全新的了解。你將在自己的內在發現無窮的資源，來支持你宣示的說法、向你自己證明這個真相。

好了一半以上

你如果極度想要擺脫某個破壞性習慣，你就已好了一半以上。當你想要戒除壞習慣的欲望超過了你對這個壞習慣的需要時，你會很驚訝地發現，只要再踏出一步，你就全然自由了。

不論你把什麼樣的想法停泊在心中，心智都會進一步放大它。讓心智投入自由（也就是擺脫破壞性習慣的自由）和平靜的概念當中，把注意力放在這個新的方向，這樣一來，你就會產生一種逐漸滲透到自由、平靜概念裡的情感。不論什麼念頭，只要用這種方式去動之以情，潛意識都會接受下來，並把它實現出來。

替代法則

要明白苦難之中必會開出好的結果來，你決不會白白受苦；但是，如果讓自己繼續受苦的話，你就太愚蠢了。

你如果繼續當一個酒鬼的話，精神和身體都會日漸惡化、毀壞。要了解潛意識的力量會支持你，就算你正深受憂鬱症之苦，你還是可以開始想像那等著你的重獲自由的喜悅。

這就是替代法則。你的想像曾把你帶進酒鄉，現在就讓它把你帶到自由、平靜那裡。你會吃一點苦頭，但這是為了建設性的目的，你會像母親忍受生產陣痛一樣忍受那苦頭，然後，你的心智就會產出一個新生兒——你的潛意識會生出「清醒」來。

酗酒的原因

酗酒的真正原因在於負面、破壞性的思想，因為「他心怎樣思量，他為人就是怎樣」。酗酒的人都有深深的自卑感、無能感、挫折感，並往往伴隨著內在深層的敵意。這些人用數不盡的藉口來解釋自己為什麼酗酒，而事實上，唯一的理由就在於他們的思想生命。

魔法三步驟

第一步：停下一切，讓心智的轉輪靜下來，進入一種昏昏欲睡的狀態，在這種放鬆、平靜、接受度高的狀態下，準備好進入第二個步驟。

第二步：找出可以很容易記在腦海裡的簡短句子，像催眠曲般一遍遍地重唱。你可以用這樣的句子：「我現在擁有內心的清醒和平靜，我很感恩。」要防止心念四處周遊，可以大聲重複這些話，就算只在心中說，也可以用嘴唇和舌頭默唸出來，這些話會更容易進入你的潛意識。每次至少做五分鐘，你會深刻感受到情感上的回應。

第三步：臨睡前，演練德國偉大詩人歌德常做的事。想像某位朋友或心愛的人和你在一起，你雙眼閉上，放鬆而平靜。在你的主觀感覺中，你心愛的人或摯友就在現場，並對你說：

「恭喜你啊！」

你看到對方的笑、聽到對方的聲音、在心中碰觸到對方的手，這些都真實而栩栩如生。那句「恭喜你」代表了全然的自由，一遍又一遍地重聽，直到你得到滿意的潛意識回應為止。

堅持不懈

當恐懼來敲你的心扉，或當擔憂、焦慮、疑慮浮上心頭，看著你的願景、你的目標，想著你潛意識內無窮的力量，這個力量能夠啟動你的思考和想像。這會給你信心、力量、勇氣，持續下去，堅持不懈，直到「天空破曉、黑影消逝」為止。

謹記在心

1 辦法就在問題之中，答案就在問題之內，你只要帶著信念和信心呼喚，無窮的大智大慧就會回應你。

2 習慣是潛意識的作用，再沒有什麼比習慣在你生命中所具有的影響力和支配力，更能夠證明潛意識的神奇力量了。你是習慣的產物。

3 你會在潛意識中形成習慣模式，透過一再重複某個想法或行動，直到潛意識裡刻出了軌道，這個想法或行動就會變成自動反應了。

4 你有選擇的自由，你可以選擇好習慣或壞習慣，祈禱或冥想便是好習慣。

5 不論你用意識去想像什麼畫面，只要全心相信，潛意識都會把它實現出來。

6 通往成功和成就的唯一障礙，就是你自己的思想或內心意象。

7 當注意力開始周遊四方時，把它拉回到冥想你的美好或目標上。讓這成為一種習慣，這就叫做培養心智的紀律。

8 意識是照相機，潛意識則是讓你顯示或烙印畫面的感光片。

9 任何人唯一可能會有的霉運，就是不斷在心中重複出現的恐懼念頭。打破霉運的方法，就是體認到不論你展開什麼，你都會在神聖的秩序中讓事情圓滿落幕。在心中想像圓滿結局的畫面，並帶著信心讓那畫面停留在心中。

10 要形成一個新習慣，你必須說服自己這個習慣是你真正想要擁有的。當你想要戒除壞習慣的欲望超過了你想要因循壞習慣的欲望時，你就已經好了一半以上。

11 別人的說法無法傷害你，唯一的可能是透過你自己的想法和精神上的參與。認清你的目標，也就是平靜、和諧、喜悅。在你的宇宙中，你是唯一的思考者。

12 過量飲酒是一種不自覺想要逃避的欲望，酗酒的原因在於負面、破壞性的思考。治療的方法就是去思想自由、清醒、完美，並真切感受有所成就的狂喜。

13 許多人無法戒酒是因為他們不肯承認自己的問題。

14 約束你、限制你的行動自由的潛意識法則，是能夠帶給你自由、快樂的，一切全在於你如何利用它。

15 你的想像曾把你帶進酒鄉。現在就想像你是自由的，讓你的想像把你帶到自由那裡。

16 酗酒的真正原因在於負面、破壞性的思想。「他心〔潛意識〕怎樣思量，他為人就是怎樣。」

17 當恐懼來敲你的心扉時，讓你對神以及所有良善事物的信念去應門吧！

你如果強烈、真誠地想要克服生命中的某個障礙，你如果決意要找到出路，你如果滿懷信心地決定這就是你要追尋的方向，那麼，勝利和成功保證就是你的了。

第19章

以潛意識去除恐懼

有這麼個說法，一個人最大的敵人就是恐懼。恐懼隱藏在失敗、病痛以及惡劣人際關係的背後。數不清的人都害怕過去、未來、老年、發瘋、死亡。但是，恐懼不過是你心中的一個想法，這表示你害怕的其實是你自己的想法。

我的一位學生受邀到他的專業協會的年度大會上演講。他告訴我，想到要在上千名聽眾面前演講，而且當中有許多是他那個領域的權威人士，他就恐慌得不得了。而他是這麼克服恐懼的：連續好幾個晚上，他都在一張沙發椅上靜靜坐上五分鐘，一邊對自己緩慢地、安靜地、正向地這麼說：

我會制伏這個恐懼，我就要克服它了。我會沉著、信心十足地演講。我很放鬆、很自在。

就這樣，他讓心智法則明確地運作起來。時候到了，他果然克服恐懼，獻上一場極為精采的演講。

潛意識會服從任何暗示，它是由暗示所控制。當你靜下心、放鬆下來時，你意識心智的想法便會沉入潛意識之中。這個過程和「滲透作用」很類似，滲透作用就是由一層布滿細孔的薄膜隔開的不同液體，會逐漸互相混合。當這些正向的種子、思想逐漸沉入潛意識的領域後，就會長出同類事物，而你也會變得沉著、安祥、冷靜。

最大的敵人

有這麼個說法，一個人最大的敵人就是恐懼。恐懼隱藏在失敗、病痛以及惡劣人際關係的背後。數不清的人都害怕過去、未來、老年、發瘋、死亡。但是，恐懼不過是你心中的一個想法，這表示你害怕的其實是你自己的想法。

小孩聽到玩伴跟他說，床底下有怪物，晚上會出來把他抓走，可能就會嚇壞了。但是當父母親開燈給他看，證明沒有什麼怪物時，小孩便不再害怕了。小孩心中的恐懼就跟床底下真的藏了個怪物一樣真實，他把心中的錯誤想法拿掉後就好了，他害怕的東西並不真的存在。同樣地，你的恐懼大部分都不是真實的，這些恐懼不過是一堆邪惡的陰影，而陰影並不是真實的。

勇敢去做你害怕的事

十九世紀的偉大思想家兼詩人愛默生說：「去做你害怕的事，恐懼必然跟著消失。」

我曾經對站在一群聽眾面前演說這件事充滿了說不出的恐懼，我如果被這種如此令我害怕的恐懼打敗的話，我可以百分之百確定，你現在就不可能讀到這本書了。我將永遠無法與他人分享我所學到的、有關潛意識運作的知識。

我克服這種恐懼的方式就是遵循愛默生的建議，儘管內心「皮皮剉」，我還是站上講台面對聽眾演說。逐漸地，我變得比較不害怕，直到最後，我已經覺得很自在，可以去享受這件事了，我甚至會期待演講的安排。我去做我害怕的事，而恐懼確實跟著消失了。

當你正面地肯定自己終將制伏恐懼，並在意識中有了明確的決心，你就會釋放潛意識的力量，而這股力量也會回應你的想法。

克服怯場

茱蒂是住在賓州郊區的家庭主婦兼母親，她對自己在瓷器上繪製花卉圖案的技藝頗為自豪，許多朋友家中都展示茱蒂的藝術作品。可是，當她女兒的老師邀請她到課堂上分享自己這項興趣時，她卻拒絕了，因為她對公開演講極為恐懼——就算對象只是八歲的小學生也不例外。她在我的書中讀到我對克服恐懼的建議，於是決心做做看。

每天早上一醒過來，以及每天晚上臨睡前，她都會放鬆自己，然後重複下面這段冥想：

我是一個有才華的藝術家，我可以和別人分享我的技藝，這樣他們才能夠欣賞、學習。我不怕面對團體談這個話題，我會在女兒的班上講，然後再對其他的團體講。

幾個月之後，她到女兒的學校去，給學生看她的作品，並解釋製作過程。她寫信告訴我說，不只那一班的學生和老師謝謝她，其他班級的老師也來邀請她到班上演講。從那時候開始，茱蒂對公開演講的恐懼全都消失不見，她後來還參加了一個演講俱樂部，和一群人定期聚會切磋演講技巧，以增進公開演講的信心和能力。

你如果採用這個辦法去面對你自己的處境，並滿懷信心、真誠地實踐出來，恐懼必然跟著消失於無形。

害怕失敗

鄰近一所大學經常有學生來拜訪我，這些學生的一個共同抱怨就是我們所謂考場上的暗示性失憶。他們告訴我的故事都大同小異：「我在考前對那些題材瞭若指掌，考完後也會記起全部的答案，可是當我在教室裡盯著眼前空白的答題卷時，腦中就是一片空白！」

許多人都有過類似的經驗，這個現象的解釋就在於潛意識的主要法則之一。會自己實現出來的念頭，往往是我們給予最多注意力的那個。和這麼多學生談過之後，我發現他們最關注的念頭就是失敗，因而潛意識實現出來的，就是失敗的念頭。經由暫時性的失憶，對失敗的恐懼本身就創造出了失敗的經驗。

希拉是醫學院班上最聰明的學生之一，然而，每次不論筆試或口試，就算是很簡單的問題，她也會腦袋一片空白、答不出來。我把原因解釋給她聽：她在考前好幾天便一直擔心失敗的可能性，不斷在醞釀這種情緒，使這些負面想法漸漸注滿了恐懼的能量。

這些遭到強烈恐懼情緒包裹的想法，在潛意識中被體現；換句話說，這位醫學院學生是在要求自己的潛意識確保她會失敗，而潛意識也確實地做到了。

希拉開始去了解潛意識的作用，她明白了潛意識是一座記憶的儲藏庫，會完美地記錄下她在醫學院課程中聽到、讀到的全部內容；不只這樣，她也學到潛意識會作出回應、會有交互作用，而要和它進行深度交流的方法，就是放鬆、保持平靜和信心。

她開始每天早晚都想像父母親恭喜她得到優異成績的場景，在想像中，她手上會握著一張父母親寄來的道賀信。當她開始冥想這個快樂的結局，她也在自己內在召喚出相對應的回應和反作用力。

在持續不斷的刺激之下，無所不知、無所不在的潛意識力量接手了，它依照想像的場景指揮她的意識。由於她把結局想像了出來，她也就能夠在意志的驅使之下，找到方法去實現這個結局。遵循這個程序後，她接下來的考試就再也沒有考不過的問題了，因為她潛意識的主觀智慧已經接手，「強迫」她使自己有優異的表現。

對水的恐懼

我十歲左右的時候，曾意外跌進游泳池裡，當時我從來沒學過游泳，我用力拍打雙臂，但是一點用都沒有，我感覺到自己在下沉。我仍舊記得被黑色的水包圍的驚恐，我喘著氣想要呼吸，但是滿嘴都是水。在最後一刻，有一個男孩注意到我在水中掙扎，便跳進水中拉我上來。這個經驗深深植入我的潛意識之中，結果我有好多好多年都很怕水。

有一天，我向一位很有智慧的老心理學家提到我這個沒什麼道理的恐懼。「到游泳池去，」他這麼告訴我：「去瞧瞧水，它不過是一種化合物，由兩個氫原子和一個氧原子組成。它沒有意志、沒有覺察力，而你可是兩者都有。」

我點點頭，但是並不知道他的重點是什麼。

「一旦了解了水基本上沒有任何主動性，」他繼續說：「你就應該堅定地大聲說出：『我會制伏你，我用我心智的力量，一定能夠駕御你。』然後走進水中，去學游泳，用你的內在力量來克服水。」

我照他的話去做。一旦我採取了全新的心態，潛意識無所不在的力量便依此有所回應，賦予我力量與信心，幫助我克服恐懼，於是，我制伏了水。如今，我每天晨泳，為了健康，也為了樂趣。不要讓水駕御你，記住，你才是水的主人。

克服恐懼的重要技巧

這裡我提供一個克服恐懼的技巧，這是我從面對上千人的演講台上學到的，它就像符咒一樣有效，試試看吧！

假設你很害怕游泳，現在就開始每天三到四次、每次靜坐五到十分鐘，讓自己處在一種極為放鬆的狀態。現在，開始想像你在游泳。主觀上來說，你確實是在游泳，你在心中把自己投入了泳池中，你感受到水很清涼、你的手腳在划動。這一切都是真實的、活生生的，這是個令人愉快的心智活動。

這不是個無聊的白日夢，你知道自己在想像中所體驗到的，都會在潛意識中「沖洗」出來。接下來，你將不得不把你烙印在深層心智上那幅畫面中的意象和模樣表現出來。在你下一次嘗試游泳時，那畫面中的歡樂便會自然浮現出來，這就是潛意識的法則。

你可以把這個技巧應用在其他的恐懼上。你如果有懼高症，那就想像你在高山上蹓躂，真實地感受其中的一切，好好享受那純淨的空氣、高山的花朵、壯麗的景致。你內心要很清楚，只要你持續在心中這麼做，你也必能在身體上輕鬆自在地達成同樣的事情。

他感激電梯

喬納森一家大企業的高階主管，許多年來，他對搭電梯都會心生恐懼，他每天早上寧可爬七層樓到自己的辦公室，也不願搭電梯。當他必須和其他公司的人談生意，而這些人的辦公室又在高層樓的時候，他總會找藉口把這些人約到自己的辦公室，或是約在餐廳見面。到外地出差對他是一大折磨，他每次都必須事先打電話安排，好確定旅館房間在低樓層，而他也能夠爬樓梯而不用搭電梯。

這種恐懼是他潛意識的產物，或許是在回應他在意識層次早已遺忘的某個經驗。一旦得知這一點後，他便決心去改變。他開始感謝電梯，每天晚上都默想一遍，白天之中也默想好幾遍。在一種平靜、滿懷信心的心情下，他對自己重複：

> 我們大樓裡的電梯是個很棒的點子，這個點子來自那宇宙共通的心智，對我們公司所有同仁都是一個恩惠和祝福。它提供很棒的服務。它在神聖秩序下運作。我帶著平靜、歡喜的心情去乘坐它。現在，我保持靜默，讓生命、愛和諒解的能量流過我的思考模式。
>
> 在我的想像中，我現在就在電梯內，我正步出電梯走進辦公室。電梯內滿滿都是公司的同仁，我和他們交談，他們都很親切、歡喜、自由，這真是個充滿自由、信念和信心的奇妙經驗，我滿心感謝。

他持續祈禱了十天，到了第十一天，他和公司的同仁一起走進電梯內，已經完全不覺得受到拘束。

§潛意識會服從任何暗示，它是由暗示所控制。

當你靜下心、放鬆下來時，你意識心智的想法便會沉入潛意識之中，

這個過程和滲透作用很類似。滲透作用就是由一層布滿細孔的薄膜

隔開的不同液體，會逐漸互相混合。

當這些正向的種子、思想逐漸沉入潛意識的領域，就會長出同類事物，

你也會變得沉著、安祥、冷靜。

§面對不正常的恐懼時，把注意力放在眼前想要的事物上，

全神貫注地沉浸在這個渴望之中。你心中很清楚，主觀意識總會推翻客觀意識，

這種態度會給你信心，讓你精神振作。潛意識的無窮力量正應你的請求而行動，

而它不可能失敗，因此，平靜、信心早已屬於你了。

§當恐懼來敲你的心扉，或當擔憂、焦慮、懷疑浮上心頭，

看著你的願景、你的目標，想著你潛意識內無窮的力量，

這個力量能夠啟動你的思考和想像。這會帶給你信心、力量、勇氣。

持續下去，堅持不懈，直到「天空破曉、黑影消逝」為止。

正常的恐懼

新生兒只有兩種基本的恐懼：害怕跌倒，以及害怕突然而來的巨響。這兩種恐懼完全正常，是天性給予我們的自我保存手段，提供了類似警報系統的功能。

正常的恐懼是好的，你聽到路上有汽車朝你開過來的聲音，就會站到一邊去以求生存。這種害怕被車撞到的暫時性恐懼，會因為你避到一邊的行動而得到克服。

其他恐懼全都是不正常的，這些恐懼是因為某些特殊經驗造成的，也可能是你的父母、親人、老師，或是其他在你小時候影響你的人所傳授給你的。

不正常的恐懼

我們若放縱自己的想像力的話，不正常的恐懼就會控制住我們。我知道有一位女士受邀乘坐飛機環遊世界，她於是開始蒐集報紙上所有關於飛機失事的報導，甚至買了一卷《世界最慘烈飛機失事大集合》的錄影帶。她想像自己因飛機失事墜落海中，不斷往下沉，這就是不正常的恐懼。假如她持續這麼想下去，她吸引到自己最害怕的事情的機率，將會非常之高。

另一個因不正常恐懼而飽受折磨的實例，發生在一位非常成功的紐約商人身上。他在心中創造出一部私人電影，電影中他的公司因故破產，他什麼都賠光了，他愈是在心中不斷放映這部生意失敗的影片，就愈陷入抑鬱的情緒之中。他不肯停下這個病態的想像，還一直跟他太太說「榮景無法長久」、「好景況隨時會結束」、「沒希望了，我們一定會破產的」。

後來，他太太告訴我他真的破產了，他想像和懼怕的事全都實現了。他懼怕的事其實不存在，但是由於他不斷害怕、相信、預期一場財務災難的來臨，他就真的讓心中所想成真了。正如《聖經》中約伯所說：我所懼怕的臨到我。

這個世界充滿了什麼都害怕的人：害怕有事會發生在他們的孩子身上、害怕有恐怖的災難會降臨到自己頭上。這些人只要讀到有某種罕見疾病正在流行，就會成天害怕自己也被感染，有些人更想像自己已經感染這種病了。這些都是不正常的恐懼。

消除不正常的恐懼

你如果發現自己受困在不正常的恐懼中，就必須努力在精神上移到相反的一端，持續停留在恐懼這一端的話，你的生命就會淤塞、停滯，精神上和身體上也會衰頹惡化。隨著恐懼感的高漲，潛意識的基本法則會立即帶出一種渴望——渴望得到與你懼怕的東西正好相反的事物。

把注意力放在這個眼前想要的事物上，全神貫注地沉浸在這個渴望之中。你心中很清楚，主觀意識總會推翻客觀意識，這種態度會給你信心，讓你精神振作。潛意識的無窮力量正應你的請求而行動，而它不可能失敗，因此，平靜、信心早已經屬於你了。

檢視你的恐懼

一家重要跨國企業的業務主管向我透露，他剛剛從事業務工作時，會在人行道上來回走個五、六次，才有辦法鼓起勇氣去拜訪客戶。

他當時的主管不但經驗豐富，觀察也很敏銳。有一天這位女主管對他說：「不要害怕躲在門後面的怪物，其實根本沒有怪物，你只是錯誤信念的犧牲品。」

這位女主管跟他分享自己的心得，她說自己只要一開始感覺到恐懼的騷動時，便會勇敢地面對它，她會與恐懼面對面、直視恐懼的眼睛。每當她這麼做，她發現恐懼總會淡去、萎縮，最終變得無足輕重了。

走出恐懼的叢林

曾擔任美軍隨軍牧師的約翰告訴我，二次世界大戰期間，他搭乘的飛機被防空砲彈擊中，嚴重損毀，他被迫在新幾內亞叢林密布的山頭上跳傘求生。他當然很害怕，但是他知道恐懼有兩種，正常恐懼和不正常的恐懼，而當下企圖控制他的不正常恐懼，是恐慌的近親。

他立即決定要對他的恐懼採取應對措施，他開始對自己說：「約翰，你不能向你的恐懼投降，你會恐懼其實是你對安全、保障，以及出路的渴望。」

他站在樹林中一塊空地的中央，把呼吸調勻，藉此排除了第一波的恐慌。一旦他感覺比較放鬆了，便開始對自己信心喊話：「引導各個星球各就其位的大智大慧，現在正領導我、指引我安全地走出這片叢林。」他不斷這樣大聲對自己打氣長達十分鐘。

「突然之間，」約翰告訴我：「我感到有什麼東西開始在我體內甦醒，那是一種充滿信心和信念的心情，我情不自禁地走到空地的一端。在那裡，我隱約看到一條路跡，就開始往前走。兩天後，我奇蹟似地來到一個小聚落，那裡的村民都很友善，他們給我吃東西，又把我帶到叢林邊，那裡有一架救援機把我載走。」

約翰在心態上的改變拯救了他，他對自己內在主觀智慧和力量的信心和信任，帶給了他問題的解決方案。

他又說：「我如果只會哀嘆命運、沉浸在自己的恐懼之中，恐懼這個怪獸很可能就會擊潰我，我大概就會被嚇死或餓死了。」

自己開除自己

拉斐爾是一家大型基金會的高階主管，他對我承認說，有長達三年的時間，他一直很害怕會丟掉工作。他總是幻想自己會失敗，不斷預期自己的部屬會高升取代他。除了只是心中病態的焦慮念頭之外，他所害怕的事根本不存在。他生動的想像把丟掉工作的場景戲劇化，他也愈來愈不安，工作變得沒有效率。最後，這個機構終於要求他主動辭職。

事實上，拉斐爾是自己開除了自己。他不斷出現的負面想像，與他往自己潛意識送出的大量恐懼性暗示，都使潛意識按照他的意思來回應、反應，引導他去犯錯、做出愚蠢的決定，最終造成他的失敗。當初他如果在心中立刻轉移到相反的一端的話，可能就不會丟掉工作了。

反制政變

在某次世界巡迴演講中，我有機會和當地某位政府高官交談了兩個小時。我發現這位高官的內在非常平靜、沉穩，他說，儘管他經常受到支持反對黨的報紙的毀謗，他從不讓這些干擾到自己。他每天早晨都會靜坐十五分鐘，覺察自己內在的中心有一片深沉、寂靜的平靜之海。這種冥想方式激發出一股巨大的力量，讓他克服了各種各樣的困難和恐懼。

幾個月之前，他在半夜接到一位心慌意亂的同事打來的電話，根據這位同事的說法，有一群人正密謀造反，打算用武力推翻他的政府，而且已得到該國武裝部隊內異議人士的支持。

當時，這位高官這麼回答電話中的同事：「我現在要回去睡個安安穩穩的好覺，我們明天早上十點鐘再討論這件事。」

他這麼對我解釋：「我知道不論什麼樣的負面想法，只要我不將它情緒化、不在心中接受它，這些想法都不會自己展現出來。我拒絕接受這些負面想法的恐懼性暗示，因此，除非我自己允許，否則沒有什麼傷害得了我。」

有沒有注意到這個人是多麼鎮定、多麼冷靜、多麼沉著！他沒有緊張兮兮，沒有抓頭髮、捏拳頭，他在自己內在的中心找到一片靜止的海水，因此他擁有極大的平靜。

從恐懼中釋放出來

在《聖經》中，有一個驅逐恐懼的良方：

我曾求問主，他應允了我，救我脫離一切恐懼。（《詩篇》34:4）

「主」（Lord）是一個古老的字眼，意思就是「法則」（law）——也就是潛意識的力量。學習潛意識的神妙之處，了解它是如何運作以及起作用的，掌握這一章所教給你的技巧。今天就去演練這些技巧！你的潛意識會有所回應，而你也終將免於所有的恐懼。

謹記在心

1 去做你害怕的事，恐懼必然跟著消失。你如果能夠信心十足地對自己說：「我會制伏這個恐懼。」你就做得到。

2 恐懼只不過是你心中的負面想法，用建設性的想法來取代它。恐懼已經害死過無數人。信心的力量其實遠大於恐懼，再沒有什麼比對神以及美好事物的信念力量更大的了。

3 恐懼是一個人最大的敵人，它隱藏在失敗，病痛以及惡劣人際關係的背後。愛可以趕走恐懼，愛是附著在生命中美好事物之上的情感，愛上誠實、正直、正義、善心、成功吧！活在預期最美好事物的喜悅之中，最美好的事物就一定會找上你。

4 用對立的念頭來抵銷恐懼的暗示，例如：「我唱歌很棒，我很自在、很鎮定、很沉穩。」你一定會得到令人難以置信的收穫。

5 考試時突然來襲的暗示性失憶是來自恐懼，要克服這個現象，你可以常常肯定這樣的想法：「我對於我需要知道的每件事都有完美的記憶。」想像某位朋友恭喜你考試得高分的情境，堅持下去，你一定會旗開得勝。

6 你如果害怕涉水，那就去游泳。想像你自由自在、歡樂地游著泳的情形，在心中讓自己投入水中，感覺在水中清涼刺激的感受，想像得愈生動愈好。當你在主觀上這麼做，你就會無法抑制地想要跳入水中，克服對水的恐懼。心智法則就是這麼運作的。

7 你如果害怕密閉的空間，如電梯，那麼就在心中走進電梯裡，同時真誠地感謝電梯的每個零件和每一項功能。你會很驚訝地發現，你的恐懼很快就被驅散了。

8 你與生俱來的恐懼只有兩種：害怕跌倒和害怕巨響，其他的恐懼全都是後天而來的。擺脫掉它們吧！

9 正常的恐懼是好的。不正常的恐懼非常糟糕而具有破壞性。經常沉浸在恐懼的念頭之中，就會導致不正常的恐懼、執迷以及各種情結；持續害怕某件事物的話，就會造成恐慌和懼怕感。

10 你可以克服不正常的恐懼，只要你知道，潛意識的力量能夠改變外在情境，把你心中懷抱的渴望實現出來。把你當下的注意力投注在你渴望的、與你的恐懼對立的事物上，這就是能夠趕走恐懼的愛。

11 你如果害怕失敗，就把注意力放在成功之上；你如果害怕生病，就常想著完美的健康；你如果害怕發生意外，就常想著神的指引和守護；你如果害怕死亡，就常想著永生。神就是生命，現在那也就是你的生命。

12 偉大的替代法則就是對抗恐懼的答案，不論你懼怕的是什麼，解除方案都在你渴望的形式之中。你如果生病了，你會渴望健康；你如果活在恐懼的牢獄之中，你會渴望自由。預期好的事物，把精神集中在好的事物上，心中明白潛意識永遠會回應你，它從不令人失望。

13 你害怕的事物並不存在，存在的只是你心中的恐懼念頭而已。念頭是有創造性的，這就是為什麼《聖經》中約伯說：「我所懼怕的臨到我。」多想好的事物，好的事物就會隨之而來。

14 仔細瞧瞧你的恐懼，把它高舉在理性的亮光之下。學會笑看你的恐懼，這是最好的良方。除了你自己的想法之外，沒有什麼能夠干擾你。別人的建議、說法、威脅都沒有力量，力量就在你的內在，而當你把思想集中在美好的事物之上，神的力量就會與你的善念同在。

15 創造性的力量只有一種，而它以和諧之名行動，當中沒有隔閡或爭執。它的源頭是愛，這就是為什麼神的力量永遠與你的善念同在。

偉大的替代法則就是對抗恐懼的答案。不論你懼怕的是什麼，
解除方案都在你渴望的形式之中。你如果生病了，你會渴望健康；
你如果活在恐懼的牢獄之中，你會渴望自由。預期好的事物，
把精神集中在好的事物上，心中明白潛意識永遠會回應你，它從不令人失望。

第20章

如何永保年輕

你的潛意識永遠不會變老，它沒有時間、年齡的限制，是永無止境的；它是神的宇宙共通心智的一部分，既不曾誕生，也不會衰亡。

體弱或年老對於任何靈性的素質和力量都不會造成衝擊，耐心、仁慈、誠實、謙卑、善意、平靜、和諧、手足之愛，這些都是永遠不老的素質和特性。你如果能夠在此生中持續散發出這些素質，你的心就會永保年輕。

單憑歲月的流逝並不會引發退化性疾病，對身心造成老化效應的，不是歲月本身，而是對於歲月的恐懼。的確，對時間效應神經質的恐懼，很可能就是提早老化現象的肇因。

在多年的公眾生活中，我曾有機會研究許多名人的一生，這些人都在過了一般人的平均壽命後，還保持著旺盛的生產力，有些人甚至臨到老年才達到生命成就的高峰。我也有幸認識了無數沒什麼特別成就的小人物，這些人並不為人所知，只是刻苦的平凡人，但他們卻證明了年老本身並無法摧毀身心的創造力。

他的思想生命早已老化

幾年前我到倫敦拜訪一位老友，他當時剛過八十歲生日，對許多人而言，能這麼長壽是值得欣喜的事，可惜他並不這麼想。我看到他時極為震驚，他看起來很虛弱，他也覺得自己好像生病了，儘管他也承認醫生找不出他身上有什麼特別的疾病。

「醫生都是些笨蛋，」他說道：「我很清楚我的毛病在哪裡，就是生命本身。」

我問他那是什麼意思。

「沒有人需要我，」他叫道：「又怎麼會需要呢？我對誰都沒有用處。人就是出生、成長、變老，然後死去，人生就是這樣。」

就某方面而言，他對於自己疾病的認知並沒有錯，他生病了，但不是因為生命的問題，而是因為他看待生命的方式。他那種覺得沒有用、沒有價值的心態讓他生病，他整天期待的就是生命會衰老，然後，就什麼都沒有了。的確，他的思想生命早已老化，而他的潛意識便把他所期望、擔心的事情通通實現出來。

年長是智慧的開端

很不幸，許多人的心態都和我這位不快樂的朋友一樣。他們害怕所謂的「老年」、終點和滅絕，其實這意味的是，他們害怕生命。然而，生命是沒有終點的。年長並不是歲月的飛逝，而是智慧的開端。

所謂智慧，就是覺察到自己潛意識巨大的靈性力量，以及知道怎麼運用這些力量去過一個富足、快樂的人生。不要再認為六十五、七十五或八十五歲就等於你自己或一般人的終點，將這個念頭永遠從你的腦袋中剔除吧！你可以在這個歲數展開你輝煌、豐碩、活躍而最具生產力的生活方式，過得比你這輩子任何時候都還要好。只要你這麼相信，並期待這個結果的來臨，潛意識就會將它實現出來。

歡迎任何改變

老年並不悲慘，我們稱之為老化的過程，其實只是一種改變。我們應該滿心歡喜地迎接它。人生的每一個階段都是在一條沒有終點的道路上向前邁進一步。我們都擁有可突破體能局限的巨大力量，我們都擁有可超越人體五官限制的神奇感知。

生命是具有靈性而永恆的，我們永遠不需要老去，因為生命——或者說神——是不可能變老的。《聖經》上說神就是生命，生命就是能夠自我更新、永生不死、永不滅絕，這是每一個人的真實。

生命就是生命

曾經有位女士請教電學奇才愛迪生說：「愛迪生先生，請問電是什麼？」

愛迪生回答說，「女士，電就是電，好好利用它吧。」

電是我們給某種肉眼看不到的力量的名稱，這種力量我們還無法全然了解，不過，我們盡可能找出關於電的各種原則，認識電的各種用途。我們利用它的方式數都數不清。

科學家無法用肉眼看到電子，然而他們接受這是一個科學事實，因為這是和其他實驗證據相符合的唯一有效結論。我們看不到生命，然而我們知道自己活著。生命就是生命，人生在世就是要全力展現生命的美好和光輝。

心智和靈魂不會變老

認識你是獨一的真神，並且認識你所差來的耶穌基督，這就是永生。（《約翰福音》17:3）

那些相信、認為俗世的生命循環——從出生、少年、青年到成年、老年——就是生命的全部的人實在太可悲了，這種人沒有安身立命之道、沒有希望，也沒有願景，對他們而言，生命根本沒有意義。

這種信念會讓人感到挫折、停滯、絕望、憤世嫉俗，最後導致各種神經性和精神性的心理失常。你如果不再能夠從事激烈的網球賽，游泳也不再像你的孩子一樣快的話，該怎麼辦呢？你的身體如果慢了下來，走路都走不快了，該怎麼辦？記住，生命總是在為自己套上新的妝扮，人類稱之為死亡的，其實只是一趟旅程，通往另一個世界的新城市罷了。

我對前來聽我演講的人說，他們應該優雅地迎接所謂的老年，年長自有其特有的榮耀、美好和智慧。愛、平靜、喜悅、美麗、快樂、智慧、善意和體諒都是不會變老或衰亡的素質。詩人哲學家愛默生便說：「一個人除非沒有什麼值得一提了，我們才會去提他的年齡。」

你的性格、信仰、信念以及心智的品質，都是不會腐壞的。

你覺得自己多年輕，你就會多年輕

有一次我在倫敦演講過後，一位當地的外科醫生告訴我說：「我今年八十四歲了，我每天早上都為病人開刀，下午巡視病房，晚上就給醫學或科學期刊寫論文。」

他的態度就是，他相信自己多有用，他就會多有用；他覺得自己多年輕，他就會多年輕。他還告訴我：「你說得沒錯，一個人認為自己多強壯，他就會多強壯；覺得自己多有價值，就會多有價值。」

這位醫生並沒有向無情的歲月豎白旗投降，他知道人總不免一死。「如果我明天不在人世了，」他這麼說：「我將會在另一個世界繼續幫助人，繼續治療有需要的人，但不再透過外科醫生的手術刀了，而是做精神、心靈的手術。」

年齡是你的資產

絕對不要因為「我太老了，無法勝任」的想法而放棄任何機會，這樣肯定會走向停滯不前、精神死亡。你如果確信自己完蛋了，你的潛意識也會如是接受，讓這個信念成真。某些人到了三十歲便垂垂老矣，有人八十歲了還很年輕。心智是位編織大師、建築師、設計師和雕刻家。劇作家蕭伯納直到九十歲都還很活躍，他心智的藝術特質一直盡忠職守，不曾懈怠。

不少人告訴我說，求職時他們只要一說出自己已經四十歲了，雇主往往就會請他們吃閉門羹。雇主這種態度真是既冷血又無情，完全缺乏同情和理解。

是誰下令一個人必須在三十五歲以下，才有資格成為職缺人選的？這種想法背後的理由既膚淺又似是而非，雇主如果靜下來想想，便能夠體悟這些求職者的賣點不在於年齡或白髮，他們會很樂意付出自己多年人生經驗所累積的才華、經驗和智慧。

你的年齡應該是任何組織難得的資產，因為你有多年實踐、應用黃金定律跟愛與善意法則的經驗。你頭上如果有白髮，那應該代表你更有智慧、技巧更成熟、更善解人意。對任何組織而言，你在情緒和心靈上的成熟度都應該是極大的恩賜才對。

人不應該因為上了六十五歲或任何特定年紀，便被擠到一邊去，這個年紀的人在人事問題的處理、未來的規畫、決策的制定以及創意的指導上，最能夠發揮所長，因為他們對於經營之道有豐富的經驗和洞見。

隨著年齡成長

「我受夠了！」某位好萊塢劇作家這麼告訴我：「這麼多年來，我寫過無數一流的劇本，我很清楚自己的才華不輸任何人，我還在世界各國的影展得過獎。」

我很困惑地問他：「什麼地方不對勁呢？」

他激動了起來，說：「我最近參加一個會議，有一位三十歲的製片廠主管說我和今天的觀眾脫節。我想和他爭論，他卻直接告訴我，我寫的劇本如果沒辦法符合十二歲到十八歲青少年的心智和口味，他就不買帳！我當場就走人。」

這真是悲哀，如果走入電影院的廣大觀眾都被餵以這種口味，他們要如何在情感上和心靈上成長呢？這簡直是蒙住他們的眼睛，不讓他們看見自己內在的個人成長潛能。電影傳遞給他們的訊息就只有歌頌青春，儘管在現實中，青春代表了經驗不足、缺乏辨別能力以及魯莽行事。

我就是跟得上潮流

我知道許多人上了六十歲以後，就花大把時間做一些瘋狂的事，以維持青春不老。他們吞減肥藥、遵循流行的瘦身飲食法，將血汗錢浪費在劣質的健身器材上，這些機器的唯一功能就是在深夜購物頻道上招攬宅男宅女。更有錢的人則追逐各式各樣的水療、芳療或抽脂、整型手術。這些人不斷發出這樣的無謂吶喊：「看吧，我就是跟得上潮流！」特製飲食、綜合維他命以及其他各種花招，其實根本無法讓人年輕不老，這些人必須了解，衰老或青春要視他們的思考方式而定。你的潛意識會受你的思想影響，你如果經常想著美麗、高尚、善的事物，不論你的歲數有多少，你都可以在心靈上保持年輕。

對年齡增長的恐懼

約伯說：「我所懼怕的臨到我。」許多人害怕老年，他們對未來感到不確定，因為他們預期隨著年齡增長，精神上和身體上都會逐漸退化，而他們所思所想、所感受的，自然會成真！

當你對生命失去興趣、不再懷抱夢想、不再渴求真理、不再尋求新的領域去征服的時候，你就會老去。當你把心開放給新想法和新興趣，當你拉開心扉的捲簾、讓生命和宇宙的新知像陽光一般照進來啟發你時，你就可以永保年輕、活力。

你可以貢獻的還很多

你必須了解，不論是六十五歲或九十五歲，你都還有許多可以貢獻的地方。你可以給年輕一代提供建議、為他們指出方向、幫助他們定下來，你可以貢獻自己因知識、經驗和智慧而來的優勢，你可以一直向前看，因為你總是將目光放在無窮的生命。你會發現生命有無止境的輝煌和驚奇等著你去揭開，隨時學習新事物，你的心將永保年輕。

以歡喜心迎接老年

我在印度演講時，有人介紹我認識一位據說已經一百一十歲的老者。這位老者的臉龐是我見過最美麗的一張臉，看起來就像得到內在光芒的照耀而容光煥發一樣，他的雙眼綻放出一種罕見的美，看得出來，他是帶著歡喜心來迎接年歲增長的，他的心智光芒完全沒有因歲月而蒙塵的跡象。

退休是新歷險的開始

要確保你的心永不退休。你的心就像一座降落傘——除非打開，否則一點用處都沒有。要打開心胸接受新的想法，我看過許多六十五歲或七十歲退休的人，似乎一退休整個人就開始衰敗了，幾個月之後便告別人世。他們顯然感覺自己的生命已經到了終點，因為他們是這麼想的，事情也就會這麼發生。

退休生活可以是一項新冒險、新挑戰、新道路，你可以開始去實現自己長久以來的夢想。每當聽到有人說：「現在退休了，我該做些什麼？」就令人感到無法形容的難過，這個人其實是在說：「我在精神上、身體上都已經死了，我的心也完全沒有了想法。」

這是非常錯誤的形象，實情是，你在九十歲得到的成就可以比六十歲大得多，因為透過學習新事物和投入新興趣，你的智慧、你對生命和宇宙的理解每天都在精進。

不要說：「我老了。」要說：「我在神聖生命的道路上更有智慧。」不要讓企業、媒體或統計數字有機會對你灌輸年華老去、衰老、老朽、老糊塗、無用這些形象，拒絕接受這些形象，因為那都是謊言，不要受到這種宣傳的催眠。肯定生命，而不是死亡。在心中想像自己快樂、成功、安詳、有力量、容光煥發的模樣。

優雅地迎接所謂的老年，年長自有其特有的榮耀、美好和智慧。愛、平靜、喜悅、美麗、快樂、智慧、善意和體諒，這些都是不會變老或衰亡的素質。

退休生活可以是一項新冒險、新挑戰、新道路，你可以開始去實現自己長久以來的夢想。

更上一層樓

法蘭克是我的一位舊識，他被迫辭去原有的工作，公司告訴他是因為人事結構重組的關係，但他相信真正的原因是他六十五歲的高齡。

「你會不會因為受到歧視而感到不滿？」我問他：「你會去告他們嗎？」

他苦笑說，「我想我是可以這麼做，而且勝訴的機會還很高。但是我幹嘛要浪費時間、精力在這上頭？並不是我丟工作，而是公司失去了我的服務。」

他頓了一下，補充說：「我是這麼看這件事的，我剛從幼稚園升上了小學一年級。」

「你的意思是？」

「這麼說好了，」他回答說：「高中畢業後我上大學，在人生的階梯上更上一層樓，也就是在教育上、在人生的理解上往前邁進了一步；事業則讓我又再往前進一步，或者說好幾步。現在，我有自由去做自己一直想要做的事，換句話說，被迫辭職也還是在人生的階梯上更上一層樓。」

法蘭克明智地決定他不要再只是「討生活」而已，他現在要用心「過生活」。多年來，他業餘一直熱衷於攝影，如今他全心投入，到鄰近的藝術學院修習攝影技巧課程。後來，他更環遊世界，每到一個地方都拍下許多照片。他現在經常受邀到各種團體、集會、俱樂部演講，並且非常搶手。

在你熟悉的範圍之外，有無數的方式可以投入某種值得你去從事的興趣。要對新的創意保持興趣，要在心靈上求進步，要持續學習、持續成長。這麼一來，你的心就可以永保年輕，因為你對新知有熱切的渴望，而你的身體將不斷反映出你的思想。

做社會的生產者，而非坐監者

法律禁止雇主年齡歧視，這是方向正確的政策，但是，單憑法律並無法改變人的想法。六十五歲的人在精神、身體和生理上，可能比三十歲的人還要年輕。我們活著是為了享受自己的勞動果實，因此要做一個社會的生產者，而非因為年齡而被判刑、整天無所事事的坐監者。

一個人的身體確實會因為年歲增長而逐漸慢下來，但是，透過潛意識的激發，意識卻可以變得更活躍、更警覺、更快速。心智確實永遠不會變老，約伯就這麼說：

但願我的景況像以前的歲月，像神保守我的日子。那時他的燈照在我的頭上，我靠著他的光行過黑暗！但願我仍然活在年輕力壯的日子，那時神保護我的家。（《約伯記》29:2-4）

青春的祕密

要重拾你的青春歲月，你可以去感受潛意識那神奇、療癒、自我更新的力量就在你的整個存有之內流動，去體認、感受自己的心靈受到了啟發，得到了提升，恢復了年輕、精神與活力。你可以像在你的青春歲月那樣，生活中充滿了熱情和歡樂，道理很簡單，因為你在精神上和情感上隨時都可以重拾那年少歡樂的狀態。

那在你頭上照亮的燭光，是一種神性的智慧，它向你顯露你所需要知道的一切，使你肯定自己的美好，外表如何都不會改變這個事實。你在潛意識的指引之下前進，因為你知道黎明就要來臨，陰霾即將消逝不見。

許自己一個願景

不要說：「我老了。」要說：「我在神聖生命的道路上更有智慧。」不要讓企業、媒體或統計數字有機會對你灌輸年華老去、衰老、老朽、老糊塗、無用這些形象，拒絕接受這些形象，因為那都是謊言，不要受到這種宣傳的催眠。肯定生命，而不是死亡。在心中想像自己快樂、成功、安詳、有力量、容光煥發的模樣。

心智永遠不老

心臟外科手術先驅德貝基（Michael DeBakey）在一九三二年時開發了世界上第一台血液滾軸式幫浦，九十歲的時候，他得到許可進行一項新發明的臨床實驗，那是一種可植入嚴重心臟病患者胸腔內的微小幫浦。然而，德貝基並不以研究工作為滿足，他的日常手術行程排得滿滿的。他的一位同事說：「他的成就，別人要花五、六輩子才能達成。」

德貝基在九十歲時，這麼總結自己的人生哲學：「生活中只要有挑戰，而你在體力上、精神上又都應付得來的話，生命真是充滿鼓舞又生氣蓬勃。」

你的年齡一如你所認爲和感受的

我父親六十五歲時開始學法文，七十歲時成為法文權威。他過了六十歲才開始學蓋爾語，後來成為知名度高又備受肯定的蓋爾語教師，他在我姊姊主持的高等教育學院授課直到九十九歲過世為止。他的心智在九十九歲時仍如同二十歲時一樣清晰。事實上，他的推論能力甚至隨著年紀增長而更加敏銳。這是真的，你有多老還是多年輕，全看你自己怎麼想、怎麼感受。

社會需要銀髮族

古羅馬愛國者大加圖八十歲才開始學希臘語，偉大的德裔美國女低音舒曼—海茵克夫人在做了祖母之後，才達到音樂成就的高峰。

偉大的希臘哲學家蘇格拉底到了八十歲才學會彈奏樂器，米開朗基羅八十歲時還在畫他畢生最偉大的油畫作品；同樣也是在八十歲，賽莫尼底斯才贏得詩歌大獎，歌德才完成了《浮士德》，蘭克才著手撰寫《世界史》，並在九十二歲時完成。

丁尼生八十三歲才完成〈越過沙洲〉(*Crossing the Bar*) 這首壯麗的詩作，牛頓直到八十五歲都還在勤奮工作，衛斯理則高齡八十八歲仍在領導衛理公會教派以及繼續傳教工作。

住在法國亞耳的卡爾蒙女士則不像上面這些人那麼有名，她年輕時與梵谷認識，不過這點並未讓她受到注意，直到她一百歲大壽的時候，周遭的人才開始注意到這位二十世紀最長壽的人瑞，而她則是直到這一天才不得不放棄每天騎自行車的活動！

到了一百一十歲時，她接到來自世界各地的祝福和道賀；到了一百一十八歲時，她已經是史上有記載的最老人瑞。當她被問及長壽的祕訣時，她回答說：「我一有機會就會享樂，我做事明快而遵守道德，而且從不後悔。我真的很幸運吧！」到了一百二十二歲時，她的笑容依舊是那麼燦爛而富有感染力。

讓我們將銀髮族放在崇高的位置，並給他們每一個展現天堂花朵的機會。

你如果已經退休，就積極投入對生命法則以及潛意識神奇力量的興趣吧！去做你一直想要做的事，去學習新事物、探究新想法。

神啊！我的心渴慕你，好像鹿渴慕溪水。（《詩篇》42:1）

老年的收穫

他的肌肉就比孩童的更嫩，他更恢復滿有青春活力的日子。（《約伯記》33:25）

老年的真正意義在：從人生的制高點沉思神的真理。要體認你的旅途並沒有終點，只是在從不停歇、絕不疲倦、永無止境的人生大海中踏出一連串重要的腳步。那麼，你也會像《聖經．詩篇》的作者那樣同聲說出：

他們年老的時候仍要結果子，經常保持茂盛青翠。（《詩篇》92:14）

但聖靈的果子是仁愛、喜樂、平安、忍耐、恩慈、良善、信實、溫柔、節制；這樣的事，是沒有律法禁止的。（《加拉太書》5:22-23）

無窮的生命永不耗竭，而你就是這生命的孩子，是永恆的繼承人。

謹記在心

1 耐心、愛心、仁慈、善意、喜悅、快樂、智慧和體諒都是永遠不會老的素質，培養這些素質，將它們表現出來，讓身心都保持年輕。

2 對歲月的神經質恐懼，很可能就是提早老化現象的肇因。

3 年長不是歲月的飛逝，而是智慧的開端。

4 一生中生產力最旺盛的時期，可以是從六十五歲到九十五歲這段時間。

5 歡喜迎接年歲的增長，這意味著你在永無止境的生命道路上更上一層樓。

6 神就是生命，就是你現在的生命。生命會自我更新，生命是永恆而無法摧毀的，是所有人類的真實。你會永生不滅，因為你的生命就是神的生命。

7 你看不到心智，但是你知道你有心智。你看不到精神，但是你知道有運動精神、藝術家精神、音樂家精神、演說家精神，這些都是真實的。同樣地，在你的心智、心靈中活動的真、善、美，也都是真實的。你看不到生命，但是你知道自己活著。

8 老年可說是從人生的制高點來思考神的真理。老年的歡喜遠大於年少時期，這時，你的心智進入靈性和精神的運動；大自然讓你的身體慢了下來，這樣你才有機會去認真冥想神聖的事物。

9 一個人除非沒有什麼值得一提了，我們才會去提他的年齡。你的信仰和信念是不會腐壞的。

10 你覺得自己多年輕，你就會多年輕；你認為自己多強壯，你就會多強壯；你相信自己多有用，你就會多有用。你年不年輕由你自己的想法決定。

11 白頭髮是一項資產，賣點不在於白頭髮，而在多年來所累積的才華、能力和智慧。

12 流行的瘦身飲食法和昂貴的減肥藥都無法讓你永保年輕——「他心怎樣思量，他為人就是怎樣。」

13 對老年的恐懼會導致身體上和精神上的逐漸退化——「我所懼怕的臨到我。」

14 當你不再懷抱夢想，當你對生命失去興趣，你就會變老。你如果易怒、反覆無常、壞脾氣、難相處，你就會變老。讓心中充滿神的真理，時時煥發神的愛之光芒——這就是年輕。

15 向前看吧，因為你的目光所及永遠是無窮的生命。

16 退休生活是一項新冒險，學習新的事物、投入新的興趣，你可以去做那些你一直想要做、卻因為忙於討生活而做不到的事。用心過生活吧！

17 成為社會的生產者而不是坐監者，千萬不要把你的光芒藏起來。

18 青春的祕密就是愛、喜悅、歡笑、內心平靜。神所在之處，充滿了歡喜；神所在之處，完全沒有黑暗。

19 你是被需要的，許多偉大的哲學家、藝術家、科學家、作家等，都是八十歲過後才完成畢生最偉大的作品。

20 老年的收穫就是愛、歡喜、平靜、耐心、溫柔、善、信心、溫順、節制。

21 無窮的生命永不耗竭，而你就是這生命的孩子，是永恆的繼承人，你真棒！

老年並不悲慘，我們稱之為老化的過程，其實只是一種改變。

人生的每一個階段，都是在一條沒有終點的道路上向前邁進一步。

我們都擁有可突破體能局限的巨大力量，我們都擁有可超越人體五官限制的神奇感知。

生命是具有靈性而永恆的。

INK PUBLISHING 015

潛意識的力量

作　　者　約瑟夫・墨菲（Joseph Murphy）
譯　　者　朱侃如
總 編 輯　初安民
責任編輯　張紫蘭
校　　對　黃正綱
美術設計　周家瑤　黃昶憲

發 行 人　張書銘
出　　版　INK印刻文學生活雜誌出版股份有限公司
新北市中和區建一路249號8樓
電　　話　02-22281626
傳　　眞　02-22281598
e-mail : ink.book@msa.hinet.net
網　　址　舒讀網http ://www.inksudu.com.tw

法律顧問　巨鼎博達法律事務所
施竣中律師
總 經 銷　成陽出版股份有限公司
電　　話　03-3589000（代表號）
傳　　眞　03-3556521
郵政劃撥　19785090 印刻文學生活雜誌出版股份有限公司
印　　刷　海王印刷事業股份有限公司

港澳總經銷　泛華發行代理有限公司
地　　址　香港新界將軍澳工業邨駿昌街7號2樓
電　　話　852-27982220
傳　　真　852-27965471
網　　址　www.gccd.com.hk

出版日期　2009年 11 月 初版
2021年 8 月 初版十六刷
ISBN　978-986-6377-25-9
定價　350 元

國家圖書館出版品預行編目資料

潛意識的力量／約瑟夫・墨菲(Joseph Murphy)
著；亞瑟・培爾（Arthur R. Pell）編訂；
朱侃如譯. --初版. --新北市中和區：
INK 印刻文學, 2009.11
面； 公分. --（MAGIC；15）
譯自：The Power of Your Subconscious Mind
ISBN 978-986-6377-25-9（平裝）
1. 潛意識　2. 潛能　3. 心智發展
176.9　98018954